AF217903

GAYLE TUFTS
AMERICAN WOMAN

 aufbau taschenbuch

GAYLE TUFTS

AMERICAN WOMAN

How I lost my Heimat
und found my Zuhause

atb aufbau taschenbuch

MIX
Papier aus verantwor-
tungsvollen Quellen
FSC® C083411

ISBN 978-3-7466-3322-0

Aufbau Taschenbuch ist eine Marke der Aufbau Verlag GmbH & Co. KG

2. Auflage 2019
© Aufbau Verlag GmbH & Co. KG, Berlin 2017
Gesetzt aus der Corporate S durch die LVD GmbH, Berlin
Druck und Binden CPI books GmbH, Leck, Germany
Printed in Germany

www.aufbau-verlag.de

Show up. Dive in. Stay at it.
Barack Obama, Abschiedsrede,
Januar 2017

★ ★ ★ ★ ★ ★ ★ ★ ★ ★ ★ ★

1. DIE QUAL DER WAHL

Als ich vor kurzem in meine Jackentasche griff, klebte plötzlich etwas Braunes an meinen Fingern: drei geschmolzene M&M's – vertrocknete Schokolade, unappetitlich, die bunte Umhüllung zersplittert. Die Reste der limitierten Red, White and Blue Edition vom 8. November, dem Tag der Wahl, erinnerten mich an den Moment, als aus Yes We Can – No We Couldn't wurde.

Diese Nacht sollte ich auf der Wahlparty der Bertelsmann-Stiftung in Berlin Mitte verbringen. Es war eine sehr exklusive Einladung, ein gesellschaftliches Event voller Prominenter aus Kultur, Politik und Journalismus. Das Ergebnis der Greatest Show on Earth, auf das alle seit Monaten hingefiebert hatten, wurde in den Bars und Lounges auf drei Etagen live auf große Bildschirme übertragen. Deutsch-amerikanische Freundschaft mit amerikanischem Fingerfood und Mini-Berlinern, Bud Light Beer und Champagner.

Ich war eingeladen, weil ich als Kolumnistin für *n-tv* arbeitete, den privaten Nachrichtensender aus Köln. Als charmante Kommentatorin sollte ich immer wieder mal von dieser Party aus live auf dem Bildschirm erscheinen und durch die Wahlnacht führen. Es sollte ein schicksalsträchtiger Abend werden, schließlich wäre Hillary die erste Präsidentin der USA! In wenigen Stunden würden wir nie wieder sein hinreißend schönes Gesicht sehen und seine hate-filled Tweets lesen müssen. Und ich durfte eine stolze Vertreterin meiner Heimat sein, live aus der aufregendsten Stadt der Welt, die seit 25 Jahren mein Zuhause ist.

Ich war schon wieder viel zu spät dran. Um 18 Uhr sollte ich da sein. Um viertel nach fünf stand ich vor meinem Kleiderschrank – in Spanx und Schaffellpantoffeln. Unentschlossen suchte ich nach dem richtigen Outfit. Die Uhr tickte. Seit ich in den Wechseljahren, auf englisch ›the change of life‹, bin, komme ich immer ein bisschen zu spät. Vielleicht hatte ich schon früher ein Problem mit der Pünktlichkeit, aber seit zwei Jahren schiebe ich alles auf die Wechseljahre – von Zornesfalten bis Verspätungen, von Unentschlossenheit bis hin zu permanenter Streitbereitschaft.

Was trägt man zu einer Wahlparty? Ich wollte schön aussehen, aber auch seriös. Keck, aber elegant. Amerikanisch, aber nicht kitschig. Was ist »amerikanisch« anyway? Cowboyhut und Bluejeans? Shorts and Sneakers? Flanellpyjama – das Alltagsoutfit jeder amerikanischen Studentin? Wegen des schmuddeligen Berliner Novemberwetters wäre ein flauschiger Schlafanzug durchaus passend und, weil es eine extrem lange Nacht werden würde, auch unheimlich praktisch gewesen. Die sechs Stunden Zeitunterschied zur Ostküste bedeuteten, dass die ersten Resultate aus New York, New Jersey und Massachusetts erst kurz nach Mitternacht eintreffen würden. Ergebnisse aus den umstrittenen Swing States würden noch viel später kommen. Um die Zahlen aus Ohio, Michigan und Wisconsin wach zu erleben, würde ich eine gute Portion Schwung brauchen, also entschied ich mich für ein lässiges Kleidchen mit dezentem Sternenmuster – patriotisch, aber nicht *zu* patriotisch – und ein Jeansjäckchen mit einem Pro-Hillary-Button: »I'm With Her«. Blue-Suede-High-Heels, rote Lippen, and I was ready to roll.

VON BROCKTON, MASSACHUSETTS ZU COTTBUS-AM-MEER

Im Taxi Richtung Unter den Linden guckte ich aus dem Fenster und dachte an das Lied *Truckin'* von The Grateful Dead: »*What a long, strange trip it's been*«. Ich komme aus Brockton, Massachusetts, einem Vorort von Boston, den ich gerne als »Cottbus-am-Meer« beschreibe. Es ist eine working class town, eine Arbeiterstadt with the Anmutung of a lange, endlose Bruce Springsteen-Ballade – rau, hart und herzlich – voller Menschen wie meine Eltern: zweite Generation europäische Einwandererfamilie, mein Vater ein Barkeeper, meine Mutter eine Supermarktkassiererin. Die fanciest Partys, die wir als Familie erlebten, waren italienische Hochzeiten und irische Beerdigungen.

In meinem Flur in Schöneberg hängt ein schon verblichenes Foto meiner lächelnden Eltern auf der Hochzeit von Freunden, aufgenommen ungefähr 1972. Mein Vater hat eine Bierflasche in der Hand und meine Mutter im Arm. Sie strahlt heiter in die Kamera, erhitzt von Wodka oder Valium oder Liebe oder einer berauschenden Mischung aus allem. Es sieht so aus, als ob sie in The Elks Lodge gerade von der Tanzfläche kommen, eine Art Freimaurermehrzweckhalle, in der jede Festivität in Brockton stattfand – von Bingo bis Bar Mitzwas. The Elks Lodge sah aus wie der Drehort für einen Retro-Porno. Das Ambiente eines Kleinstadt-Steak-Houses: weinrote Vorhänge über rauchvergilbter Holzvertäfelung, große runde Tische, eingedeckt mit übriggebliebenen Valentine's Day-Papiertischdecken und goldenen Plastik-Kandelabern. Für meine Eltern war es die tollste Partylocation überhaupt – süffige Drinks, pfiffige Musik – everything tanzbar von Tommy Dorseys Big Band bis zum neuesten Discoknaller von Tony Orlando & Dawn – und eine Tanzfläche mit farbiger, dimmbarer Beleuchtung! Es war nicht weit bis nach Hause, sodass mein Vater auch angesäuselt noch heimfahren konnte.

Ich guckte durch den Novembernieselregen auf das Brandenburger Tor und fragte mich, was meine Eltern wohl über diesen verrückten, viel zu langen Wahlzirkus denken würden. Als der republikanische Präsidentschaftskandidat bekanntgegeben wurde, hörte ich, wie sich mein Vater im Grab umdrehte. Auch meine Mutter war ein Leben lang eine leidenschaftliche Demokratin, ja sogar eine katholische Kennedy-Besessene gewesen. Und obwohl sie seit Jahren nicht mehr auf der Erde ist, hatte ich ihre Stimme mit ihrem Kommentar zum Pussy-Grabbing laut und deutlich im Ohr: »Yuck! That's disgusting!«

There were certainly genug ekelerregende Momente in diesem Wahlkampf. Ich hatte für *n-tv* eine Serie von Video-Kolumnen produziert – ein humorvoller, *sehr* subjektiver Blick auf dieses Spektakel. Ich wollte die Show hinter der Politik kommentieren. Meine Grundthese war: Das Nationalmotto der USA ist nicht »In God we trust«, sondern: »There's no business like show business!«. Die Grenze zwischen Politik und Entertainment war bei uns schon immer etwas verschwommen – aber nun war sie hoffnungslos überschritten. Ich verkleidete mich als Freiheitsstatue, sang die Nationalhymne, zitierte Ralph Waldo Emerson und Arnold Schwarzenegger und fragte, ob Lassie und Flipper nicht vielleicht doch auch irgendwann Mitglieder im House of Representatives waren.

DAS KANN JA LUSTIG WERDEN

Beruflich nenne ich mich »Entertainerin«, weil ich für das, was ich tue, bis heute kein passendes deutsches Wort gefunden habe. Ich schreibe, ich singe, ich erzähle witzige Geschichten. Und manchmal kann man bei meinen Liedern weinen. I'm a Showgirl! So wie meine Great American Vorbilderinnen Bette Midler, Liza Minelli und Barbra Streisand. Deswegen war ich einigermaßen überrascht, als ich einen Brief vom *n-tv*-Geschäftsführer bekam. Wäre es für mich interessant, bei einem Meeting in Köln über eine mögliche Zusammenarbeit während der bevorstehenden US-Wahl zu sprechen? Ich bin keine Journalistin, und der Sender hat kein Unterhaltungsprogramm – ich dachte mir: Das kann ja lustig werden.

Also bin ich an einem frühsommerlichen Tag im Mai nach Köln geflogen. Von meiner ersten Begegnung with the Nachrichtenwelt habe ich ehrlich gesagt nicht besonders viel erwartet. Aber ein Meeting kann man immer machen. Und warum eigentlich keine Zusammenarbeit? Ich bin ein begeisterter News Junkie, lese immer noch Tageszeitungen auf Papier und kaufe mehrmals in der Woche die Printausgabe der *International New York Times* für 3,20 EUR, obwohl ich auch das viel preiswertere Online-Abo habe. Als Jugendliche hatte ich meine abendliche Dosis amerikanischer TV-Nachrichten-Legenden wie Walter Cronkite, Dan Rather und Tom Brokaw abbekommen. Journalisten erklärten mir die Welt und kämpften für Gerechtigkeit. Seit ich in Deutschland bin, höre ich jeden Morgen Inforadio. Ich finde Steffen Seibert sexy! Und ich bin ein bisschen verknallt in Claus Kleber. Die Möglichkeit, hinter die Kulissen eines Nachrichtensenders zu schauen, wollte ich mir nicht entgehen lassen.

Alles flutschte. Ich kam überraschend pünktlich in Köln-Deutz an, und der Taxifahrer fand sofort die riesigen ehemaligen Messehallen, den Hauptsitz der *RTL* Mediengruppe. Picassoplatz 1 – ein vielversprechender Name. Als ich die Rolltreppe in den nur mit Sicherheitsausweis zu betretenden Bereich nahm, fühlte ich mich mit einem Mal wie Mary Tyler Moore in ihrer legendären TV-Sendung aus den Siebzigerjahren, in der sie die stets optimistische Journalistin Mary Richards spielte. Die attraktive Mary, eine emanzipierte Singlefrau, zieht nach Minneapolis, um ein neues Leben als Nachrichtenredakteurin zu beginnen. Als formbarer Teenager habe ich jeden Samstagabend beim Babysitting ihre Sendung eingeschaltet. Mary war mein Traum vom Erwachsensein: intelligent, unabhängig und frei – mit einem tollen Job, einer fabelhaften Wohnung, fantastischen Klamotten und vielen lustigen und liebevollen Kollegen und Freunden. Mary war mein American Dream. Hier und jetzt war sie für einen kurzen Moment in mir wiederauferstanden – in Köln-Deutz.

Am Empfang erwartete mich eine verbindliche Assistentin und führte mich durch ein ausgetüfteltes Labyrinth: lange Gänge voller Schallschutzfenster mit Einblicken in Hightechfernsehstudios, eine konzentrierte Atmosphäre, aufmerksam, aber gelassen.

Sie flüsterte:»Dies ist das erste technikerfreie Fernsehstudio Europas. Außer den Moderatorinnen gibt es nur fliegende Kameras und Greenscreens.« Alles war auf das Notwendigste konzentriert. Das hier war serious business. Der Raum gegenüber war leicht abgedunkelt. Vor einer Videowand aus 40 Fernsehmonitoren saßen drei Redakteure und schauten sich die Nachrichtenprogramme aus aller Welt an. Auf den Bildschirmen blitzten Explosionen auf, die Schemen flüchtender Menschen und Großaufnahmen von halbwegs vertrauten Politikergesichtern. Unter ihren Kopfhörern sahen die Redakteure wie Ego-Shooter-Spieler aus, auf der Jagd nach der nächsten Top-Meldung. Ich war beeindruckt.

LINKS NACH PETER KLOEPPEL

Ich hatte bis jetzt nicht realisiert, dass *n-tv* ein Teil des *RTL* Kosmos ist. Das hier war auch the home of *DSDS* und *EXPLOSIV*, *GZSZ* und *EXCLUSIV*. Schon von den lebensgroßen Wandplakaten der *RTL*-Stars im Innenhof – Frauke Ludowig und Birgit Schrowange! – war ich leicht überwältigt. Kurz nach Peter Kloeppel bogen wir links ab – und waren bei *n-tv*.

Mental hatte ich mich auf einen viel zu starken Kaffee und eine kurze Plauderei im Büro der Chefredakteurin vorbereitet und war fast erschrocken, als ich einen vollverglasten Konferenzraum sah, gefüllt mit zwölf ernst aussehenden, keine-Zeit-für-zu-viele-Worte-habenden Nachrichtenmenschen. Alle sahen hochgebildet aus, erfahren, pflichtbewusst und so, als würden sie sogar noch gedruckte Zeitschriften lesen. Eine Sekunde lang wurde mir schwindelig. Ein Schnelldurchlauf von Hollywood-Reporter-Filmen flashte durch meinen Kopf: *His Girl Friday* mit Cary Grant, *Die Unbestechlichen* mit Dustin Hoffmann, und Robert Redford, *Network* mit William Holden und Faye Dunaway, *Spotlight* mit Michael Keaton.

Besessene Journalisten, gespielt von wahnsinnig attraktiven Schauspielern, streiten für eine bessere Welt. Ich wollte genauso sein: feurig, engagiert und seriös!

Seit 25 Jahren arbeite ich als Entertainerin in Deutschland, aber es ist extrem selten, dass jemand takes me seriously. Vielleicht ist das fester Bestandteil meines Berufsbildes – was lustig ist, muss leicht und oberflächlich sein. Doch für mich ist Entertainment serious Business! Es verlangt Handwerk, Disziplin und Durchhaltevermögen. Deutschland aber macht eine Trennung zwischen »E« und »U« – zwischen »ernsthaft« und »Unterhaltung«. Und ernsthaft ist natürlich viel wertvoller. Das Wort Unterhaltung ist sowieso erniedrigend – es fängt schon mit »unter« an. Ernsthaftigkeit ist erstrebenswert und wertvoll. Deutschland ist the Heimat of Nietzsche und Kant und Hegel und Einstein! Das Land der Straßenverkehrsordnung und von Konrad Duden. You are ernsthafte people in einem ernsthaften Land.

Ich dagegen bin nicht nur eine Unterhalterin, ich bin auch Amerikanerin – und mittendrin in einem Wahlkampf, in dem einer der Kandidaten ein Reality-TV-Star ist und die andere, die Ehefrau eines Ex-Präsidenten, whose Regierung beinahe über einen Skandal um einen Blowjob stolperte. Es ist schwer for anyone to take America seriously.

Amerika ist ein sehr junges Land, nicht einmal 250 Jahre alt – so gesehen sind wir der pubertierende Teenager der Welt: hyperaktiv, albern und unberechenbar. Und obwohl wir der Welt Harvard University und MIT, NASA und MOMA, Steve Jobs und Bill Gates gegeben haben, denkt ihr alle, dass wir dumm sind.

Bei diesem Nachrichtensender hatte ich endlich die Chance, mich selbst, meinen Beruf und meine Heimat zu rehabilitieren. Die Möglichkeit, to be serious in the Heimat of Seriousness, to zeige a little amerikanische Pfiffigkeit, to take Unterhaltung out of the darkness in das Licht!

Als ich in das *n-tv*-Journalisten-Terrarium trat, hatte ich jedes Stückchen Mary Tyler Moore-Optimismus verinnerlicht und folgte nur noch einer Mission: make the German Newspeople love me!

BACK TO LIFE, BACK TO REALITY

Sechs Monate später stehe ich an der Bar in der VIP-Lounge der Bertelsmann-Stiftung neben dem Geschäftsführer des Senders. Wir prosten einander mit einem doppelten Espresso zu. Nach einem halben Jahr Zusammenarbeit duzen wir uns, und ich bin immer noch begeistert, dass ich überhaupt an diesem Event teilnehmen darf. Drei Etagen Heiterkeit – jeder Stehtisch mit roten, weißen und blauen Rosen gedeckt, Minipackungen von Limited Edition M&M's als Mitbringsel und genügend Luftballons, um eine komplette Tournee von Nena auszustatten.

Um Mitternacht ist die Stimmung noch gespannt, aber positiv, was wahrscheinlich mit dem nicht enden wollenden Angebot von Dunkin Donuts und Jack Daniels Bourbon zu tun hat. Prominente und Politiker mischten sich immer wieder unter die Gäste – in einer Ecke nimmt Berlins Regierender Bürgermeister einen Video-Abschiedsgruß für Barack Obama auf, in einer anderen macht Ursula Karven ein Selfie mit einem Hillary Clinton-Pappaufsteller. Alle fünfzehn Minuten werde ich nach meiner Meinung gefragt und bleibe hoffnungsfroh: »The Situation in the USA sieht für uns in Berlin vielleicht komplett crazy aus. Aber man darf nicht vergessen: Wir sind ein sehr buntes und *sehr* demokratisches Land. Es wird Hillary, keine Sorge.«

Nach der Schlammschlacht um das Weiße Haus gibt es endlich Licht am Ende des Tunnels. Die Ergebnisse von New York, New Jersey, Massachusetts trudeln ein – go Hillary! Riesenapplaus und unendliche Erleichterung. Alles wird gut.

Ich nehme mir einen Donut und freue mich, John Emerson, den amerikanischen Botschafter, und seine Frau Kimberly im Blitzlichtgewitter durch die riesige Bertelsmann-Tür kommen zu sehen. Zufällig habe ich Kimberly als Sitznachbarin bei meinem letzten transatlantischen Flug kennengelernt und fand sie freundlich, charmant und klug. Sie spricht sogar deutsch, und ich bin froh, dass mit ihr und ihrem Mann endlich mal wieder ein vernünftiges Botschafterpaar in Berlin lebt.

Ein Hauch von eiskaltem Novemberwind weht durch den Raum. Ich schlage den Kragen meiner Jeansjacke hoch und schlängle mich Richtung Ambassador. Mittlerweile wird es ernst. Virginia, Ohio, Pennsylvania. Ich schaue zu Emerson, der besorgt auf seinem Blackberry tippt. »John?«, sage ich, und biete ihm einen Donut an. »Don't worry! We got this, oder?«

Emerson guckt mich an mit einem Blick, der mich an den Gesichtsausdruck meines Vaters erinnert, als er mir erzählte, dass wir unseren Hund Igor nach 14 Jahre einschläfern müssten. Leise sagt er auf Deutsch: »Es sieht nicht gut aus.«

★ ★ ★ ★ ★ ★ ★

2. GETRUMPT

GAYLE – (ZUM GLÜCK NICHT) ALLEIN ZU HAUS

Um 4:30 Uhr verlor ich jedes Gefühl für den Grund unter mir. Zusammengekrümmt und heulend lag ich auf meinem Schlafzimmerboden in Schöneberg.

What the fuck is going on?

Mein Bremer brachte mir Wärmflaschen, schob ein Kissen unter meinen Kopf und packte mich in eine dicke Decke. Ich zitterte und japste nach Luft. Ich war fassungslos. Ich war verzweifelt.

What the fuck is going on?

Erst noch unmerklich, dann immer schneller hatte der Abend eine schreckliche Wendung genommen. Das Licht am Horizont war nicht mehr der Anbruch eines neuen Tages, es war das Scheinwerferlicht eines enormen Monstertrucks – and it was coming for us all. Das Unvorstellbare war plötzlich möglich geworden: die Republikaner haben die Industrie-Bundesstaaten gewonnen: Michigan, Ohio, Wisconsin, Pennsylvania, – fucking Pennsylvania – home of

Benjamin Franklin, Andy Warhol und Philadelphia Frischkäse!

What the fuck is going on?

Obwohl ich schon auf dem Fußboden lag, verlor ich mein Gleichgewicht. Der Raum begann zu schwanken und es fühlte sich an, als ob die ganze vierte Etage meines Wohnhauses Richtung Erde kippen würde. Als Ex-New-Yorkerin bin ich unendlich dankbar für meine prächtige Berliner Altbauwohnung – ein robustes Überlebensmittel mit hohen Decken, dem wunderschönen Stuck, ihren riesengroßen Fenstern. Ich genieße den Blick auf das Rathaus Schöneberg und den John F. Kennedy Platz, wo der junge Präsident seine flammende »Ik bin ain Beeerlinar«-Rede hielt, wo Willy Brandt Bürgermeister war, wo täglich die Freiheitsglocke läutet – ein Geschenk aus Philadelphia, Pennsylvania! Auf der anderen Seite erreichen ihre Schallwellen den Hans-Rosenthal-Platz und das Gebäude des ehemaligen RIAS-Rundfunk im Amerikanischen Sektor. Wenn meine geschichtsträchtige Nachbarschaft nach Amerika umsiedeln würde, könnte sie ein Freizeitpark namens »Democracyland« werden, und höhere Eintrittspreise als Disney World verlangen. Nachkriegsdeutschland-Demokratie liegt in der Luft.

Ich aber konnte nicht mehr atmen und geriet immer mehr in Panik. Ich war unfreiwilliger Fahrgast in einem außer Kontrolle geratenen roller coaster, unterwegs in einen bisher undenkbaren Abgrund. ER wird Präsident.

What the fuck is going on?

Ich hätte eigentlich abgehärteter sein sollen. Seit Jahren lebe ich mit der Mitten-in-der-Nacht-Anruf-Angst. Jeder erwachsene Mensch weiß, that when the Telefon um 4 Uhr morgens klingelt, es selten erfreulich ist. Und wegen des Zeitunterschieds erwartet jeder im Ausland lebende Amerikaner in the wee small hours of the morning schlechte Nachrichten: Scheidungen, Krebsdiagnosen, den Tod der Eltern. Irgendwann werde ich meine Festnetznummer abschaffen, weil meine Familie die einzigen Menschen sind, die sie immer noch benutzen und deren Vor-Sonnenaufgang-Anrufe garantiert traumatisierend sind.

Jetzt aber war ich ein Pawlow'scher Hund who didn't need a Klingel to freak out. Ich spürte den Nachklang meiner ersten medialen Schockerlebnisse – das Attentat auf Kennedy und den Mord an Martin Luther King. Damals war ich ein ahnungsloses Kind gewesen, das seine Eltern zum ersten Mal heulend vor dem Fernseher gesehen hatte und sofort kapierte, dass etwas Fundamentales in der Welt nicht mehr in Ordnung war. Dieses Mal nun war ich diejenige, die heulte. Als Erwachsene saß ich in der Achterbahn der Geschichte, bei deren rasendem Tempo mir speiübel wurde.

Es ist alles so wahnsinnig überraschend. Ich bin ein 1960 geborener Baby-Boomer und gehöre einer Generation an, whose biggest Entscheidungen für eine lange Zeit lauteten: Coke oder Pepsi? New Wave oder Punk? Antibabypille oder Diaphragma? Wir waren zu jung, um Vietnam persönlich zu erleben, aber gerade alt genug, um den Beginn von *MTV* und den wirbelnden Ansturm von Madonna, Prince und Michael Jackson mitzukriegen. Wir zelebrierten unsere niemals enden wollende Jugend mit Popkultur und The Power of Positive Thinking.

Wir tanzten zu *Beat It* auf *La Isla Bonita* in the *Purple Rain. We could be heroes, just for one day.*

Als die Mauer fiel, haben wir da nicht alle gedacht: The Wall is down! Die Mauer ist weg! Friede, Freude, Eierkuchen für alle! Demokratie für immer!? *I've been looking for freedom ...* Wir hätten wissen müssen, that anything that started with a David Hasselhoff-Soundtrack, nicht gut ausgehen wird.

Ich war übermüdet, deprimiert und schlapp, und mein Bremer manövrierte mich irgendwie vom Boden ins Bett. Ich hatte zugesagt, in zwei Stunden weitere Interviews zu geben und wusste jetzt nicht, was schlimmer war: dieses erschreckende Endergebnis oder die Tatsache, dass ich Deutschland seit Monaten erzählt hatte, dass genau das never ever passieren würde, ja, nicht passieren könnte.

Mein Gehirn überdrehte weiter, und ich hatte eine Vision von meinem Lieblingsshowgirl Judy Garland. In dem Film *Der Zauberer von Oz* wird sie durch einen gewaltigen Wirbelsturm aus ihrem Kinderbett in einem Midwestern-

Bauernhof gerissen, und landet wie durch ein böses Wunder in einer ganz neuen Realität, wo sie den berühmten Satz sagt: »I don't think we're in Kansas anymore.«

Kansas war mein Schlüssel zum Verstand und brachte mich schlagartig wieder in die Realität zurück.

Die Entscheidung der US-Wahl war nicht an der Ost- oder Westküste, sondern in den Flyover States gefallen. Das ist kein tiefenentspannter Zustand beim Yoga, es handelt sich um die Bundesstaaten zwischen New York und Los Angeles. The Heartland of America, der amerikanische Mittelwesten, das unendliche Land, das wir nur von dem Blick aus dem Fenster während unserer Flüge zwischen Ost- und Westküste kennen. Bundesstaaten wie Missouri, Nebraska, South Dakota und Iowa: konservativ, christlich, weiß.

Oder auch: Abtreibungsgegner, Waffenliebhaber, Schulverweigerer und Menschen, die die Bibel für ein äußerst detailiertes history book halten.

WEIT WEG VON DEN GROSSEN OZEANEN

The great American Poet Ralph Waldo Emerson lobte schon 1841 die jungfräuliche Unschuld der Midwestern States: »They have never been touched by an ocean.« Sie sind weit weg von den unendlichen Ozeanen Atlantik und Pazifik, weit weg von den Einflüssen, die über das Meer in die USA kommen. Und damit weit weg von allen liberalen und progressiven Einflüssen für die New York steht, und Hollywood und die Elite-Universitäten wie Harvard, Yale oder Stanford.

Flyover States, wie Kansas oder Oklahoma, sind auch bekannt als »The Breadbasket of America«, der Brotkorb des Landes. Die hart arbeitenden Farmerfamilien haben seit 2014 einen Einkommensverlust von 36% hinnehmen müssen. Der Export von Mais, Weizen und Soja ist eingebrochen. Dafür ist die Anzahl von Crystal-Meth-Laboratorien im selben Zeitraum drastisch gestiegen. Hollywood und Serien wie *Breaking Bad* können manchmal doch inspirierend sein.

Ich persönlich bin nie in einem Flyover State gewesen. Ich wollte immer nach Europa, wo Kunst, Kultur und die Beatles wohnten. Meine deutschen Freunde haben mir da einiges voraus. Fast jeder Austauschstudent träumt von L. A., Miami oder Manhattan und landet dann in Ames, Iowa oder Springdale, Arkansas.

Sie erzählen mir noch heute überrascht von der Freundlichkeit und unfassbaren Prüderie ihrer Gastgeber. Und von ihrer fanatischen Vorliebe für Waffen.

Menschen auf dem Land nehmen ihr *Second Amendment Right To Bear Arms*, das in Stein gemeißelte Gesetz der amerikanischen Verfassung, sehr ernst. Sie betrachten es mehr als religiöses Gebot. Aber was Gott als natürliches Recht für den Schutz gegen Grizzlybären und böse Ureinwohner meinte, ist heutzutage verantwortlich für 300 Kleinkinder, die mit den Waffen ihrer Eltern aus Versehen andere Menschen erschießen. Ich jedenfalls wollte noch nie in einem Flyover State landen.

SUPERWOMAN IM ANFLUG

Der erste Radiosender sollte in 20 Minuten anrufen. Ich öffnete meine Augen und sah eine heiße Tasse Tee, dunkle Schokolade, einen Obstteller und eine frische Packung Tempos auf meinem Nachttisch. Es war Zeit, wach zu werden, in jeder Hinsicht. Ich setzte mich auf, stellte meine Füße fest auf den Boden und guckte aus dem Fenster, wo die Sonne auf das Rathaus Schöneberg schien. Die Berliner Fahne wehte im kalten, klaren Novemberwind – es war wie eine Eingebung: Die Welt drehte sich weiter, und ich hatte einen Job zu erledigen!

Das Gute an der Menopause ist die Entfesselung einer bisher unentdeckten Strapazierfähigkeit, die mir bei Auftritten, Auseinandersetzungen und beim Aufstehen hilft. Ich nenne sie SUPERWOMAN, und sie kämpft nicht nur für meine körperliche und seelische Gesundheit, sondern auch für Frieden, Freiheit und Gleichberechtigung, für Truth, Justice and The American Way. Jawoll! Es war an der

Zeit, meine innere Superheldin zu aktivieren! Ich sprang aus dem Bett, nahm eine schnelle heiße Dusche und griff nach SUPERWOMANS Geheimwaffen: knallrotem Lippenstift und einem doppelten Espresso. Das Telefon klingelte.

Ein Journalist wollte wissen, was ich als Amerikanerin jetzt tun würde. Meinen Pass abgeben? Die nächsten vier Jahre im Bett verbringen? Mich besaufen bis zum Umfallen? Obwohl seine Auswahl verlockend klang, sammelte ich meine ganzen Superkräfte, atmete tief ein und antwortete: Ich bleibe optimistisch! Amerika ist nicht nur das Land eines Reality-TV-Star-Präsidenten! Es ist auch mein Land. Es ist the Land of

Walt Whitman
Abraham Lincoln
Emily Dickinson
Eleanor Roosevelt
F. Scott Fitzgerald
Cole Porter
Thomas Edison
Martin Luther King
Jackson Pollock
Miles Davis
Doris Day
Muhammed Ali
Steven Spielberg
Patti Smith

RuPaul
The Red Hot Chili Peppers
Michelle Obama
and Chocolate Chip Cookies.

Nach vier weiteren Radiointerviews, einem verquollenen Auftritt bei *n-tv* und einem dreiminütigen, ungeschnittenen Wutschrei für den *WDR*, war mir klar, was ich machen musste: meinen Koffer packen, ein Flugticket kaufen und die Heimat besuchen – um schnellstmöglich herauszufinden:

What the fuck is going on?

I'M REALLY SORRY GERMANY

Ich möchte mich entschuldigen
für fast eintausend Dinge
I know I'm not a diplomat
I know I'm just a singer
America is where I'm from
Oh yes, ich gib es zu
Ich bitte um Entschuldigung
for what we've given you

For Burger King and crack and plastic surgery
I'm really sorry

For Britney Spears und auch für Scientology
I'm really sorry
For Rocky, Rambo and Ronald Reagan, too
And Donald Trump what did we do
Oh, I'm really sorry Germany
For every single thing that we have given you

For Killer Clowns and Crystal Meth and Charlie Sheen
I'm really sorry
For Miley Cyrus and for microwave cuisine
I'm really sorry
Bikini Waxing, Baywatch and slavery
For Gilmore Girls on your TV
Please accept this small apology
You know that I am really sorry Germany

But wait a minute, hey!
Take another look
Beyond the bad there's lots of good
There is Martin Luther King, Frank Sinatra's swing
There's Hemingway and Hollywood
There is Andy Warhol's Pop, Hip and also Hop
And pancakes on a winter's day
William Faulkner, Lassie, too
Miles Davis Kind Of Blue
Madonna, Billie Holiday, Bebop, Brando, Basketball
They're fabelhaft but that's not all

For Artificial Fingernails and Sweet and Low
I'm really sorry
Für Venti Frappucinos and Guantanamo
I'm really sorry
McCarthy, Steven Bannon and the Ku Klux Klan
For Richard Nixon, Charlie Manson
Oh yes, mistakes we've made a few
And that's why Germany I'm saying sorry to you

I'm really sorry for the war in Vietnam
I'm really sorry
I'm sorry for N'Sync and Unsere Kleine Farm
I'm really sorry
For Sarah Palin and the fucking NRA
For Monster Trucks and macramé
Hey! Listen up Deutschland, hör mir zu
Just one more time I'm gonna say I'm sorry to you

'Cause now I'm thinking of
Things that Germans love
Miami, Vegas, Disneyland
Big Bang Theory, Game of Thrones, on your new iPhone
The Walking Dead und Denverclan
MDA and SUVs, Nachochips mit Cheese
»Eine schrecklich Nette Family«
Shades of Grey and Stephen King
Nicht genau mein Ding
You love 'em here in Germany

Land of Goethe – Schiller, too
Nicht halb so schlimm what we sent you!

Isadora Duncan, the Internet and Cher!
I am not sorry
You know we got some klasse Sachen over there
No I'm not sorry
From great big Rocky Mountains to Rollerblades
You know that it is true
And I'm not sorry
No no need to be sorry
And don't forget that Amerika sent me too

★ ★

3. FÜNFZEHN THINGS I LOVE ABOUT AMERIKA

In letzter Zeit läuft wieder häufig *This Is Not America* von David Bowie im Radio. Das 1984 geschriebene Lied wurde in Zusammenarbeit mit dem amerikanischen Jazzgitarristen Pat Metheny für den Film-Soundtrack von *The Falcon and the Snowman* mit Sean Penn komponiert. Es ist nicht mein Lieblingslied von Bowie – too many Synthesizers, zu viel Pat Metheny. Aber nach Bowies plötzlichem Tod bin ich immer froh, seinen vertrauten Bariton zu hören. Jedes geschmetterte »This is not America, nohoo!!!!« muntert mich auf, jedes »Sha-la-la-la-la« gibt mir Halt.

Wenn es um Amerika geht, bin ich befangen und vielleicht naiv. Amerika ist viel mehr als nur mein Geburtsort, es ist immer noch ein großer Teil meiner Identität, obwohl ich mittlerweile mein halbes Leben 7861 Kilometer entfernt lebe. Für mich wird es immer das grandiose Experiment sein, »The Land of the Free and the Home of the Brave«, wie unsere Nationalhymne so schön sagt. Manchmal denke ich an Amerika wie an einen crazy Ex-Boyfriend oder einen ungezogenen Pitbullwelpen: »Eigentlich ist er gaaaaanz lieb! Er meint es nicht so!« Ich würde Amerika fast alles vergeben, weil es ein fester Bestandteil meines Herzens ist, der Teil, der mich sentimental werden lässt, wenn ich die Worte »Freedom«, »Democracy« oder »Pancakes« höre. Es gibt dort einfach so viel zu lieben:

FREUNDLICHKEIT

Wir Amerikaner sind ein durch und durch freundliches Volk. Jeder Deutsche, der zum ersten Mal in die USA reist, ist überwältigt von der fröhlichen Aufgeschlossenheit völlig fremder Menschen auf der Straße, in der U-Bahn, in Restaurants – und ihrer leicht hysterischen Hilfsbereitschaft. Ein Deutscher ist da natürlich misstrauisch. Welche Absicht steckt wohl dahinter? »Want some coffee, Sweetie?« »Ready for dessert, Sunshine?« Wenn ein Berliner Kellner mich als »Süße« oder »Sonnenschein« ansprechen würde, wäre ich auch misstrauisch (und um seine Gesundheit besorgt!), aber in Amerika ist das vollkommen normal. Ich habe neulich in New York von der Kellnerin die Speisekarte und den Kosenamen »Miss Awesome Sauce« bekommen. Ich war den ganzen Tag über restlos glücklich.

In Deutschland kann es passieren, dass man als Fremder auf einer Party nach fünf Stunden Anwesenheit vielleicht mit einigen Party-People geredet hat, aber trotzdem von niemandem weiß, wie er heißt, was er macht oder warum er überhaupt da ist. Wenn meine Ex-Mitbewohnerin Lucy in New York eine Party gibt – und sie gibt gerne große Partys – wird jedem Neuling die gesamte Gesellschaft vorgestellt. Man fühlt sich aufgehoben, wichtig und interessant. »Ihr seid alle so OBERFLÄCHLICH!!!!!«, sagen die Deutschen. Nein, wir sind einfach freundlich und wir schlagen den einfacheren Weg ein. In einem Land mit 324 Millionen Einwohnern, ist es viel praktikabler, wenn man – zumindest am Anfang – nett zueinander ist.

OPTIMISMUS

Ich werde oft gefragt, was der Unterschied zwischen Amerika und Deutschland ist. Die Antwort liegt für mich auf der Hand: Frag einen Amerikaner: »How ya doin'?« und er antwortet stets »Fine! Great! Awesome!« Frag einen Deutschen »Hey, wie geht's?« und die Antwort lautet: »Tja ... muss.« It's a kleiner, aber feiner Unterschied in der Mentalität.

Amerikaner sind grundsätzlich optimistisch. Laut einer Umfrage der *Associated Press*, kurz nach der Amtseinführung im Januar, dachten 55% der Amerikaner that things will be better in 2017! Nun gut, nach 2016 ist das wirklich nicht so schwer, aber immerhin.

Der Ursprung dieser Zukunftsgläubigkeit als Lebenseinstellung findet sich an Bord der Mayflower, dem Segelschiff der Pilgerväter. 102 blasse, seekranke Engländer, samt ihren Hunden, Schafen und einem Haufen Geflügel, machten sich auf den Weg für eine erbarmungslose zweimonatige transatlantische Überquerung. Sie kämpften gegen Skorbut, Lungenentzündung, Tuberkulose und landeten schließlich im November 1620 in einer zugefrorenen Bucht in Provincetown, Massachusetts. Ohne Heizung, sauberes Wasser oder Google Maps waren sie, nur angetrieben von ihrem unerschütterlichen Optimismus, ihrem Schicksal gefolgt, und durch die unvoreingenommene Hilfsbereitschaft und Großzügigkeit der amerikanischen Ureinwohner haben sie den ersten brutalen Winter überlebt und Amerika »gegründet«.

GELASSENHEIT

Natürlich ist Geschichte viel komplizierter als diese kurze Zusammenfassung, aber: Heeeey, warum stressen, Dude? Gelassenheit ist ein wichtiger Teil unserer Überlebensstrategie. »Chilling« ist sogar ein Tuwort. »Chill out!«, rief Lucy's 13-jährige Tochter in New York, als ich vorschlug, um 19:30 Uhr loszugehen, um rechtzeitig zum Filmbeginn um 20 Uhr im Kino zu sein. »You're so German!«

Sie hatte recht. Das Kino war nur 10 Minuten entfernt, sie hatte unsere Tickets und sogar das Popcorn online bestellt: relax!

Lässigkeit ist eine amerikanische Tugend. Das hat mit der Tatsache zu tun, dass wir eine umgangsformenfreie Zone sind. Unsere Sprache kennt den Unterscheid zwischen Duzen und Siezen nicht, selbst mit Berühmtheiten sind wir per du – Oprah, Madonna, Hillary. Diese Vertrautheit gibt uns die Illusion von Gleichheit und das Gefühl, dass we are all in this together. Wir würden sogar the Queen of England duzen: »Hey, Liz, how ya doin'?« Diese Lässigkeit ist eine wichtige Zutat unseres demokratischen American Pie – genau wie Casual Fridays, Happy Hours und Liegesessel.

ENTHUSIASMUS

Trotz all unserer Lässigkeit sind wir Amerikaner wahnsinnig enthusiastisch. Man kann über uns sagen, was man will, aber wir sind extrem begeisterungsfähig. Vielleicht hat das mit der Überzuckerung einer Gesellschaft zu tun, die sich seit Generationen von Cupcakes und Coca-Cola ernährt. Vielleicht liegt es auch in unserer Natur. Wir stürzen uns in Freundschaften, schlagen schnell Wurzeln, umarmen einander in null Komma nichts. Wir sind schnell zu überzeugen, und manchmal kennt unser Überenthusiasmus keine Grenzen. Viele Deutsche fühlen sich von diesem Gefühlsüberschwang überrumpelt. Bestimmt sind wir manchmal »enthusiastisch, aber ahnungslos«, wie der Bremer sagt. Doch ich behaupte, wir sind einfach nur leicht zu begeistern. Mein Bruder Ralph ist der Handelsvertreter eines Weinimporteurs in Boston. Als ich ihm vorgeschlagen habe, nach Deutschland zu kommen, gemeinsam nach Köln zu fahren und von dort aus auf einem Schiff eine Winzertour auf dem Rhein zu machen, konnte er es kaum erwarten, die Tickets online zu buchen. »Cologne!«, sagte er, »Where's that? France?« Ich erzählte, dass es nichts mit Eau-de-Cologne zu tun hat, und er war trotzdem begeistert.

CAPE COD LIGHT

Das Licht um 10 Uhr morgens am Strand von Cape Cod. Edward Hopper hat es fast in seinen Bildern eingefangen, aber nur fast.

SHOWBIZ

Seit Jahren denkt mein Bruder, dass ich, dank meines Berufes, jeden Star der Welt kenne. »Christoph Waltz! You gotta know Christoph Waltz! He's German!« Ich habe mehrmals versucht, ihm zu erklären, dass Christoph Waltz kein Deutscher, sondern Österreicher ist, und dass ich ihn nicht kenne, weil ich nicht in Hollywood arbeite, aber mein Bruder glaubt mir nicht. Er ist sehr enttäuscht, dass Christoph Waltz nie vorbeischaut, wenn ich in Massachusetts bei ihm zu Besuch bin. Ich, ehrlich gesagt, auch.

Ich teile die Leidenschaft meines Bruders für das Showbiz und seine Besessenheit von Prominenten – damit sind wir groß geworden.

People Magazine! *Entertainment Tonight*! Wir haben keine Königshäuser in the Heimat, wir haben celebrities. Brad and Angelina sind unsere Charles and Diana, Marilyn ist unsere Marie Antoinette. Es ist kein Zufall, that Gaga is a Lady, Latifah is a Queen und Prince was Prince. Sie sind das Königshaus, aber sie sind The People's Königshaus – bodenständig, volksnah und Made In USA.

OSCARS

Ich versuche, meine Reise in die USA so oft wie möglich mit der Oscarverleihung zusammenzulegen, unsere jährliche Mischung aus Krönungsfeier, World Cup-Endspiel und Wiener Opernball. Ich war noch nie in L. A., nie auf einer internationalen Preisverleihung, aber ich gucke Award Shows gerne an und liebe es, sie live im Fernsehen zu erleben. Es ist glamourös, unberechenbar, witzig und bewegend.

Wenn ich es schaffe, in den USA zu sein, mache ich drei Tage vorher mein privates Mini-Filmfestspiel: die Gaylinale. Ab 10 Uhr morgens sitze ich in einem 26-Leinwände-Multiplexkino und schaue alle oscarnominierten Filme hintereinander weg. Dabei ernähre ich mich ausschließlich von salzigem Popcorn, Diet Coke and movies! Herrlich!

Ich habe The Oscars oft mit Freunden in Berlin gesehen, wir schauen sie am Montagabend, einen Tag nach der Ausstrahlung, gemeinsam auf einer exklusiven Party mit Champagner, Snacks und einem Käse-Igel an. Unsere Oscar-Gesellschaft ist handverlesen, und die Snacks sind stets sehr lecker, aber es wird immer schwerer, sich den ganzen Tag über den Medien zu entziehen. Keine Zeitungsschlagzeilen! Kein Radio! Keine aufploppenden Meldungen der Nachrichten-App! Kein Fernsehen! Es ist erstaunlich kompliziert, 24 Stunden unwissend zu bleiben.

Bei der Oscar-Party von Lucy in New York habe ich die ultimative Unberechenbarkeit erlebt. Als Bonnie and Clyde den falschen Best Film ansagten, griff Annabel, Lucys Tochter, nach meiner Hand. Wir hielten den Atem an und sprangen gemeinsam hoch auf das Sofa. »Can they do that with Hillary?«, fragte Annabel.

FREIHEIT

Der musikalische Höhepunkt der amerikanischen Nationalhymne *The Star Spangled Banner* liegt in einer Tonlage, die niemand singen kann: »O'er the land of the free ...!« Fenster platzen, Nasen bluten, Kinder müssen ins Krankenhaus. Es ist dramatisch, sehr emotional und bringt bierbechernde Sportfans immer wieder zum Weinen.

The Land of the Free – Das Land der Freiheit – das sind wir! Freedom is what Amerika is all about. Unsere Nation wurde durch einen Unabhängigkeitskrieg geboren, um uns von Großbritannien zu befreien. Wir waren the original Brexit.

Thomas Jefferson verfasste die Unabhängigkeitserklärung am 4. Juli 1776. Er war der Bob Dylan unter den Gründervätern und hat einen der poetischsten Sätze aller Zeiten geschrieben, das schriftliche Fundament für unser Land:

»We hold these truths to be self-evident, that all men are created equal, that they are endowed by their Creator with certain unalienable Rights, that among these are life, liberty and the pursuit of happiness ...« Wir haben das Recht auf Leben, Freiheit und das Streben nach Glück.

Dieser Satz ist in die DNS eines jeden Amerikaners eingeprägt – aber viele von uns verstehen ihn falsch. Sie denken, dass man ein Recht auf Glück hat: Mit dem amerikanischen Pass käme automatisch ein Sechser im Lotto, ein Haus auf Hawaii, ein Date mit Ryan Gosling, ein dicker SUV und VIP-Logensitzplätze zwischen Kim und Kanye für the Super Bowl. Wir sind bitter enttäuscht, wenn wir sehen, dass immer nur die Anderen so etwas bekommen. Aber: Wir haben das Streben vergessen!

Und dieses Streben kann sich wirklich lohnen, zum Beispiel, wenn man in den 70ern in einer Garage voller Elektroschrott sitzt und an die völlig irre Idee eines Computers für jedermann glaubt. Oder als kleines 4-jähriges Mädchen in Brockton, das auf der Abschlusspräsentation der Tanzklasse, verkleidet als rosa Bunny, zum ersten Mal in ein Mikrofon spricht, und sofort weiß: Das ist die Zukunft.

COOKIE DOUGH IN A CUP

Es gibt seit Kurzem einen kleinen Shop in Greenwich Village, New York City, namens Dō. Dort wird roher Kuchenteig verkauft! Roher Kuchenteig in einem Becher, vier Dollar pro Kugel, neun Dollar für drei. Mittlerweile ist der Verkauf pro Person auf vier Becher beschränkt, die Wartezeit beträgt bis zu vier Stunden! Diese kulinarische Sünde schlechthin lässt jeden Amerikaner sofort an die schönsten Kindheitserinnerungen denken: Am Wochenende sind Mami und Papi zu Hause und wir backen gemeinsam. Ich darf den Löffel mit den Teigresten ablecken. Schon Ben & Jerry's hatten großen Erfolg damit, als sie Cookie-Dough ins Eis gesteckt haben – zur Freude aller fröhlichen Kiffer weltweit. Dō lässt sogar das Eis weg und macht die Mischung aus Fett, Zucker und Eiern – gespickt mit Mini-Marshmallows, Erdnussmus oder Regenbogenstreuseln – zum Star.

In einem Land, wo 36% aller Erwachsenen und ein Drittel aller Jugendlichen übergewichtig oder sogar fettleibig sind, ist die Notwendigkeit dieses Ladens fraglich. Doch Kristen

Tomlen, eine sportive blonde Businessfrau, Mitte 30, aus St. Louis, hat ihren amerikanischen Traum realisiert. Sie entwickelte ein Rezept mit pasteurisierten Eiern, sodass Salmonellen kein Problem sind. Schon Stunden vor der Ladenöffnung um 9 Uhr steht eine Riesenschlange erwartungsvoller Teig-Freaks an, um zwischen Sugar Cookie, Brownie Batter und Heavenly – mit Nutella, Dark Chocolate Chips, Caramel Bits und Sea Salt – zu wählen.

Ich bewundere die Chuzpe dieser jungen Frau, ein Produkt, das die Welt wirklich nicht braucht, mit Überzeugungskraft, Cleverness und Zielstrebigkeit zum Erfolg zu machen. Sie hat eine Marktlücke entdeckt: In unserer unsicheren, angstvollen und komplizierten Welt brauchen wir Comfort Food, Futter für die Seele – wie Milchreis oder Macaroni & Cheese – mehr denn je. Und diese Masse ist so basic, so einfach, es ist die Hardcore-Nervennahrung schlechthin, eine Art kulinarisches Xanax, nur lustvoller und ohne Rezept. Nur eine Frage der Zeit, bis die ungebackene Teigmasse auch Deutschland erobert: Spekulatiusteig am Stil und rohe Kiffer-Kipferl-In-A-Cup.

SUPERMÄRKTE

Die Basis meiner Besuche in der Heimat sind immer meine Pilgerfahrten to the Supermarkt. A & P, Stop & Shop, Food Emporium! Wenn ich 10 Tage in den Staaten bin, gehe ich mindestens 18-mal in den Supermarkt. Für mich ist das mehr als ein Einkaufsbummel, es ist ein Besuch in einer Konsumentenpilgerstätte: Notre Dame de Lebensmittel. Ein beruhigender, Ehrfurcht erweckender Ort, der mich zu meinen kapitalistischen Ursprüngen zurückbringt.

In Supermärkten fühle ich mich wohl. Meine Mutter arbeitete 37 Jahre als Kassiererin bei Shaw's Supermarket, meine Schwester war Filialleiterin, mein Bruder fing als Tüten packender Bundle Boy an und arbeitete sich bis zum Nachtdienstchef hoch. Als Familie waren wir öfter im Supermarkt als zu Hause. Weil meine Mutter wochentags bis 16 Uhr arbeitete, habe ich viele Nachmittage nach der Grundschule in Shaw's verbracht. Ich mochte die heitere Hintergrundmusik, die Sauberkeit und Ordnung der großen Gänge mit ihren hochpolierten Böden, die klirrende Kälte der Frozen-Foods-Abteilung. Einmal durfte ich hinter die Kulisse der Molkereiprodukte schauen und mich kurz in den Riesenkühlschrank zwischen die Milchflaschen stellen, wo ich nichts ahnende Omas mit einem freundlichen »MUH!!« begrüßte. Bis heute liebe ich die überwältigende Auswahl und Farbenpracht des Breakfast-Cereal-Sortiments. My introduction to Pop-Art.

Amerikanische Supermärkte sind mittlerweile gigantisch und ultramodern geworden: Wochenmarkt, Feinkostladen, Apotheke, Drogeriemarkt, Bäckerei, Papeterie und Zeitungskiosk – alle meine Lieblingsgeschäfte in einem. Rund um die Uhr geöffnet und voller faszinierender Produkte. Wer braucht *Gucci* und *Prada*? Mein Einkaufsrausch ist vollbracht, wenn ich Taschen voll mit *Ivory Soap* und *Lipton Onion Soup Mix* für $1,99, *Johnsons Baby Powder* und *Yellow Legal Pads* – gelbe überlange Schreibblöcke, die ich hier nicht bekommen kann – in meinen Koffer packe.

Der ultimative Super-Supermarkt ist The Whole Foods Market am Union Square in Manhattan. Ein transzendentales Bio-Nirwana auf drei Etagen mit einem politisch korrekten Indie-Rock-Soundtrack und wahrscheinlich sogar einer eigenen In-House-Hebamme, falls nötig. Sechsundzwanzig verschiedene locally farmed Grünkohl-Sorten, Möhren in zwölf verschiedenen Farben, frisch gebackene Quinoa-Buttermilch-Blaubeer-Muffins. Veganer Nagellack! Der *Whole Foods* Leitsatz steht über dem Eingang: »to satisfy, delight and nourish our customers«. So sehr ich meinen Edeka-Markt in Schöneberg mag – befriedigt und erfreut bin ich dort eher selten.

WIDE OPEN SPACES

Die Flächenausdehnung der USA beträgt 9,8 Millionen Quadratkilometer – it's a big fucking country. Obwohl ich aus Massachusetts, dem zweitkleinsten Bundesstaat komme, und lange Zeit in einem schuhkartongroßen Zimmer in New York gewohnt habe, hat mich diese Weite geprägt. The Wide Open Spaces waren irgendwo out there und ließen mich voller Sehnsucht nach etwas Größerem, Breiterem hungern, nach mehr.

Ich habe nur wenig von Amerika gesehen. Jeder Deutsche, den ich kenne, war irgendwann Cross-Country auf der Route 66, auf einer Harley-Davidson oder in einem Wohnmobil, auf der Suche nach seinem inneren Marlboro Man oder dem verborgenen Winnetou. »Rocky Mountains!«, sagen sie, »Monument Valley!«, »Grand Canyon!«, »American Way of Life!«

Seit ein paar Jahren fahre ich nun an Orte, die mir bisher fremd waren. Ich habe zum Beispiel versucht, in einem Reisebus zum Grand Canyon in Arizona zu fahren. Aber er war zu. The Grand Canyon war geschlossen. Nach 4 Stunden Busfahrt gab es einen plötzlichen Schneesturm. Die gestaute Wärme in der Schlucht löste die Flocken in große Wolken auf, und es wäre zu gefährlich gewesen, in diesen Dunst hinabzusteigen. Unser Busfahrer wollte nicht, dass wir unseren ganzen Tag verschwenden, und schlug vor, wenigstens den IMAX-Film *The Grand Canyon Experience* im Touristenzentrum anzuschauen. Ich bin viertausend Meilen weit gereist, to see a Film, den ich in Berlin am Potsdamer Platz schon gesehen hatte! Und wieder blieb ich hungrig nach mehr.

LADY LIBERTY

Sie ist die beeindruckendste Sehenswürdigkeit überhaupt und eine echte Superwoman. Die Freiheitsstatue wohnt seit 1886 im New York Harbor, ein Geschenk der französischen Regierung, geschaffen vom Bildhauer Fréderic-Auguste Bartholdi. Ihr Geburtsname ist Liberty Enlightening the World (La Liberté éclairant le monde), aber wie viele Einwanderer auf Ellis Island hat auch sie eine neue Identität bekommen. In einer dunklen Welt, die Erleuchtung mehr denn je braucht, besuche ich sie immer wieder gerne. Und ich bin nicht allein. Im Februar 2017 waren die Bootstouren including crown (wobei man bis in ihren Kopf steigen und dort herumgehen darf) ausverkauft – bis September! Wenn ich sie live treffe, staune ich immer wieder über ihre kolossale Präsenz – 92 Meter (inklusive Fackel) und über die Klarheit ihres Anliegens. Der Text auf ihrer Tafel stammt von der jüdischen Dichterin Emma Lazarus und ist eine hochaktuelle Erinnerung an The American Dream:

»Gebt mir eure Müden, eure Armen,
Eure geknechteten Massen, die frei zu atmen begehren,
Den elenden Unrat eurer gedrängten Küsten;
Schickt sie mir, die Heimatlosen, vom Sturme Getriebenen,
Hoch halt' ich mein Licht am gold'nen Tore!«

Ich würde diese Heavy-Metal-Freiheitskämpferin gerne auf einen Kaffee einladen, vielleicht in ein Starbucks, wo sie

endlich einmal sitzen könnte, ihre Schulter von der Fackel-
trägerei entspannen und plaudern. Ich stelle sie mir wie
Bea Arthur – Dorothy von den Golden Girls – mit ihrer mar-
kanten, brummigen Stimme, ihrem Witz, ihrer Kraft und
ihrer Wut vor. Lady Liberty ist das Ur-Golden-Girl.

SITCOMS

A propos *Golden Girls*: Sitcoms sind unsere Lustspiele,
schnelle halbstündige Unterhaltungssendungen, leicht, fri-
vol und lustig, ein wichtiger Teil unserer amerikanischen
Identität.

Seit 1948 gibt es einen bunten Haufen an TV-Komödien –
von *I Love Lucy* bis *Big Bang Theory* –, alle nach demselben
Schema: Zweiundzwanzig Minuten netto schräger Situati-
onen in einem Wohnzimmer, einem Coffeeshop oder am
Arbeitsplatz, mit einer lustigen Truppe von Außenseitern
als alternative oder biologische Familie. Ihre wöchent-
lichen Missgeschicke sind fester Bestandteil unseres Lebens. Die Einschaltquoten der letzten Folgen von *Cheers*
oder *Friends* sind bis heute unerreicht.

Meine Lieblingssitcoms sind schon vor sehr langer Zeit als
Boxset erschienen: *Will & Grace* zum Beispiel, eine Comedy
über zwei Wohngenossen in Manhattan. Er ist ein schwuler
Rechtsanwalt, sie eine jüdische, etwas schlampige, hetero-

sexuelle Interior-Designerin. Sie haben zwei beste Freunde, eine over-the-top nymphomanische Musical-Tunte, und eine medikamentenabhängige Alkoholikerin. Alle zusammen sind sie eine perfekte, alternative amerikanische Familie.

Es ist beruhigend, zu meinen, dass wir selbst nie so trottelig und realitätsfremd sein könnten. WIR meistern das Leben natürlich VIEL besser. Wenn ich *Will & Grace* sehe, spüre ich dennoch Sehnsucht nach so einer Familie und Heimweh nach New York, Heimweh for a New York I never knew.

Ich habe 13 Jahre dort gelebt, aber Will & Grace's New York habe ich nie kennengelernt. Ich habe auch nie in the New York von »Friends« gewohnt – einer Stadt voller süßer Coffeeshops, in denen man so lange bleiben darf, wie man will, ohne etwas zu bestellen, voller hübscher, arbeitsloser Schauspieler with a whole lot of Freizeit, perfekten Haarschnitten, großzügigen Wohnungen und genug Geld, um den ganzen Tag rumzuhängen und mit Freunden Kaffee zu schlürfen. Ich würde sehr gerne im *Sex and the City*-New York wohnen. Habe ich sogar einmal gemacht – in the Meatpacking District, 14th Street & Hudson, wo viele Szenen gedreht wurden. Leider ist das Viertel jetzt durch die Popularität von *Sex and the City* so hip, überfüllt und stinkend teuer, dass ich mir meinen alten Stadtteil nicht mehr ansatzweise leisten könnte.

Aber es geht mir nicht nur bei New York so, auch die mittelamerikanische Unschuldskleinstadt aus *Parks and*

Recreation finde ich completely entzückend. Es handelt sich um eine Fake-Dokumentar-Serie über das Gartenbau- und Freizeitamt in der fiktiven Kleinstadt Pawnee, Indiana. Leiterin der Behörde ist die ehrgeizige und liebenswerte Beamtin Leslie Knope, eine unerschütterlich positive Hillary Clinton-, Madeline Albright- und Sonia Sotomayor-Fanatikerin. Mit ihrem hervorragenden, verrückten Team aus asozialen Sonderlingen versucht sie immer wieder mit Bürgerpflicht und Fair Play aus Pawnee einen besseren Ort zu machen und Demokratie praktisch zu leben. Sogar Michelle Obama war als Gaststar dabei.

Eine Woche nach der US-Wahl habe ich alle 7 Staffeln von *Parks and Recreation* binge-gewatcht – 125 Folgen in 2 Tagen. Und träumte von einem Amerika in dem Leslie Knope Präsidentin ist.

MICHELLE OBAMA

Intelligenz, Stil, soziales Engagement und Know-how, Disco-Dance, Karaoke-Gesang und ein Plausch mit Plüschtieren – Michelle Obama war die erste First Lady, die Showbiz nutzte, um ihre Botschaften für gesunde Ernährung, Fitness und Social Change zu kommunizieren. In der täglichen Talkshow von Ellen DeGeneres fiel ihr beim Tanz das Mikro aus der Hose, bei *Billy on the Street* rannte sie mit dem großen gelben Vogel Bibo durch einen Supermarkt.

Immer charmant und immer mit Botschaft. Ich liebe sie so sehr, dass ich ein Lied für Sie geschrieben habe:

I WANNA BE MICHELLE OBAMA

Mein Heimat ist verrückt, I know
Die Lage ist doch schwer
Alles durcheinander
There's Verzweiflung everywhere
Aber eine Frau gibt Hoffnung
From sea to shining sea
Ich möchte gerne auch so sein
A first class First Lady

I wanna be Michelle Obama
I wanna have her Oberarme
So stark, so schön und konsequent
diszipliniert, intelligent
I wanna be a red hot mama
I wanna be Michelle Obama!

Die Welt is really fucked, I know
So schrecklich, gib es zu
Überall Probleme
Wirtschaftskrise, Schweineflu
Aber ein Paar gibt uns Hoffnung
Michelle und ihre Man
Wenn ich auch so einen hätte

I'd say baby, yes we can!
I wanna be Michelle Obama
I wanna have her Oberarme
Ihre Kleider, ihre Kinder und
The portugiesisch Wasserhund
You wanna meet the Dalai Lama?
I wanna be Michelle Obama!

I want to go to the G-8
Meet Bono und George Clooney
Und einmal in mein Leben
Schöner sein als Carla Bruni

I wanna be Michelle Obama
I wanna have her Oberarme
So elegant, voller Energie
Selbst Angela Merkel said to me
»Diese Frau ist wirklich Hammer
I wanna be Michelle Obama!«

I wanna be Michelle Obama!

HAPPY END

Tapfer muss ich jetzt für eine Weile ohne Michelle Obama als Vorbilderin auskommen. Doch ich gebe die Hoffnung nicht auf, dass sie bald zurückkommen und alles besser machen wird. Weil ich Amerikanerin bin! Und tief in mir drin steckt die absolute Überzeugung, dass everything will be fine.

Barack Obamas 2008-Wahlsprüche »Hope« and »Change« waren wahnsinnig effektiv, weil sie direkt in das Herz unseres Optimismus zielten. Als eine mitten in den Wechseljahren steckende Frau fand ich den Satz »Change We Can Believe In« absolut überzeugend. Ich glaube dran! Das ist die Geheimwaffe, die uns vorantreibt, die beim Anschauen jeder Sitcom und jedes Hollywood Movies zu erleben ist. Nicht das Happy End selbst, sondern die Hoffnung auf ein Happy End.

Yes.
We.
Can.

★ ★ ★ ★ ★ ★ ★ ★ ★ ★ ★ ★

4. BACK IN THE US(S)A

An einem sonnigen Donnerstagmittag landete ich am Logan Airport in Boston. Nach allem, was ich verzweifelt und wütend in so ziemlich jedes Mikrofon gesagt hatte, nach dem monatelangen Besuch von Websites wie *fucktrump.com* bis *tagesschau.de*, nach meiner Mitgliedschaft in *Democrats Abroad, Obama for America* und dem *LPG Bio-Markt* hatte ich befürchtet, gleich bei der Einreise verhaftet, ausgebürgert und wieder zurückgeschickt zu werden.

Aber alles lief reibungslos. An diesem Donnerstagmittag im Februar war auf dem Logan Airport kaum etwas los. Die Ankunftshalle war menschenleer. Das hatte sicher etwas mit dem kurz darauf schon wieder gestoppten Einreiseverbot für Muslime zu tun, aber die Atmosphäre war entspannter als erwartet. Die Immigration Officials waren höflich und hilfsbereit, ruhig und effizient: Passkontrolle, Augenscan, Fingerabdruck, ein nüchternes »Welcome Home«.

Ich war dankbar, dass ich nicht gleich mit seinem Gesicht konfrontiert wurde. Normalerweise hängt in jeder internationalen Ankunftshalle in Amerika ein Porträt des Präsidenten. Nach dem ahnungslosen frat boy George W. Bush war ich acht Jahre lang erfreut gewesen, von Barack Obama begrüßt zu werden. Jetzt, einen Monat nach der Amtseinführung, war an der Wand über dem Eingang zu Terminal C nur ein verblasstes leeres Quadrat zu sehen, wo der Rahmen einmal gehangen hatte. Hatte er es noch nicht geschafft, einen guten Deal mit einer amerikanischen Druckerei zu machen, oder wollte es einfach noch niemand wahr haben?

OH, BROTHER!

Ich rollte meinen Koffer Richtung Ausgang und suchte meinen Bruder. Ralph hatte versprochen, mich abzuholen. Ich hatte ihm vorab meine Flugdaten gemailt und vom Gepäckband eine SMS geschickt, um mein Ankunftsgate zu bestätigen. Er hatte mir ausdrücklich verboten, mich nach meinem langen Flug für die siebzigminütige Fahrt nach Cape Cod selbst ans Steuer zu setzen. Meine Schwester hatte aus New Orleans angerufen, um mich eindringlich darauf hinzuweisen, wie wichtig es ihm wäre, mich persönlich zu empfangen. Wir sollten im Auto ein bisschen Zeit für uns haben, nur wir beide, bevor wir seinen Sohn und seine Frau treffen würden. Also hatte ich den reservierten Mietwagen wieder abbestellt.

Mein Bruder stand kurz vor seinem sechzigsten Geburtstag, wir hatten uns seit sieben Jahren nicht gesehen. Die letzte persönliche Begegnung hatte bei der Beerdigung unserer Mutter stattgefunden.

Aber Ralph war nicht da.

Ich rollte meinen Koffer hin und her, nahm die Rolltreppe nach oben, fuhr dann eine Etage tiefer, suchte das Parkdeck ab. Nichts. Ich war wütend, enttäuscht und müde.

Ich versuchte, ihn anzurufen und hörte nur eine Frauenstimme: »I'm sorry, the number you are calling is temporarily out of service.«

Keine SMS, keine Nachricht auf Facebook, WhatsApp hatte er nicht.

Mein Bruder ist ein Chaot. Jahrelange Nachtschichten im Supermarkt führten Ende der Achtziger zu einem Kokainproblem, das schließlich in einem Gehirnaneurysma endete. Das hat ihn aus der Bahn geworfen. Obwohl er vom Kokain loskam, sich vollständig erholte und heute wieder ein warmherziger Mensch ist, spürt man die Auswirkungen seiner langen Abhängigkeit. Er ist leicht abzulenken und unzuverlässig und manchmal hat er unverhoffte Wutanfälle.

Offen gestanden, ist im Grunde meine ganze Familie so.

Mein Familienleben war nie exactly stabil zu nennen. Meine Eltern waren liebevoll und selbstlos, aber auch unerfahren und schnell vom Leben zu überwältigen. Einfache, vorhersehbare Dinge konnten sie total überraschen – Elternabende, Geburtstage oder die monatliche Stromrechnung. Sie beide arbeiteten hart, aber finanziell reichte es selten. Für einen Barkeeper und eine Supermarktkassiererin waren drei Kinder, zwei Autos, ein Haus, ein Hund und eine Hütte auf Cape Cod eine Herausforderung – besonders, wenn man nicht gut im Planen ist. Der Küchentisch war immer von unbezahlten Rechnungen und ungeöffneten Briefumschlägen mit den Großbuchstaben FINAL NOTICE übersät.

Wenn es richtig eng wurde, trank mein Vater noch ein Bier, steckte uns alle ins Auto und fuhr zur Kegelbahn der Bar, in der er arbeitete. Ihm war der Lärm der fallenden Kegel lieber als die Nörgelei meiner Mutter nach ihrem dritten Wodka-Tonic oder die Stimmen der Bill Collectors am anderen Ende der Telefonleitung.

Ich hätte nicht überrascht sein sollen. Es war genau wie bei meinem letzten Besuch zur Beerdigung meiner Mutter. Wir hatten abgemacht, dass Mauricio, mein konfuser chilenischer Schwager, mich vom Flughafen abholen sollte. Aber niemand war da. Als ich ihn anrief, sagte er: »Gaylsie! What's up?«, als ob ich nur mal eben an einem Samstagnachmittag durchgeklingelt hätte, um ihn spontan auf eine Spritztour einzuladen.

Bin ich wirklich so deutsch geworden? Ist es zu viel verlangt, dass ich erwarte, von meinem Bruder abgeholt zu werden? Wir sind Geschwister! Wir hatten uns sieben Jahre nicht gesehen!

SCHLAMPIG

Wenn es um Reisevorbereitungen geht, sind wir Amerikaner gerne ein bisschen schlampig. 1982 flog ich mit der Tanzkompanie The School Of Hard Knocks unter der Leitung der Choreographin Yoshiko Chuma zum ersten Mal nach Europa. Wir sollten einen zweitägigen Workshop im American Center in Paris geben, bevor wir auf einem Festival für zeitgenössischen Tanz in München auftraten.

Um 10 Uhr morgens, nur zwei Stunden nach der Landung in Paris, begann unser Workshop. Wir waren jung, aufgeregt und überglücklich, in The Old World zu sein. Acht tanzende, singende Stunden später sagte Yoshiko, dass wir die Workshopteilnehmer fragen sollten, ob sie nicht einen Schlafplatz für uns hätten, es sei nichts für uns organisiert worden. Wir waren eine Off-Off-Off-Broadway-Kompanie, und es war unsere erste Tournee. Wir hatten keine Ahnung von Dispos, Übernachtungspauschalen oder Catering, wir waren einfach nur froh, dabei zu sein.

Als junge, attraktive Tänzer wurden wir schnell bei den Workshopteilnehmern untergebracht. Nur Yoshiko musste sich nichts für den Abend suchen. Sie hatte sich im Vorfeld über das American Center ein pied-à-terre in the 12ème Arrondissement besorgt.

Inzwischen reise ich beruflich oft und komme sehr gut alleine klar – wenn ich vorher weiß, was mich erwartet. Stinksauer saß ich am Logan Airport auf einer Bank neben dem Ausgang, als mein Handy klingelte. »Bleib ruhig«, sagte der Bremer, nachdem ich ihm die Situation geschildert hatte, »Du kennst doch deine Familie. Gibt es in der Nähe kein Dunkin' Donuts?« Ich bestellte mir einen großen macadamia nut coffee und ging zum Kiosk gegenüber, um eine Bostoner Zeitung zu kaufen. Spätestens ab diesem Moment fühlte ich mich wie eine Fremde in einem fremden Land.

Meine Lieblingsbeschäftigung in den USA ist es, Zeitungen und Zeitschriften zu kaufen. Die meisten davon bekomme ich in Deutschland nicht oder sie kosten so viel wie der durchschnittliche Tageslohn eines investigativen Journalisten. Ich tauche in meine Muttersprache ein, schwimme im politischen Diskurs, trinke aus dem endlos süßen Brunnen der amerikanischen Popkultur: *Time, The New Yorker, Oprah, Harpers, The Atlantic, Entertainment Weekly, People, Martha Stuart Living, The Boston Globe, The Cape Cod Times, The Brockton Enterprise.*

Sobald ich lande, decke ich mich mit einer doppelten Monatsration Lesestoff ein und freue mich auf mein Viel-zu-früh-wach-Jetlag-Binge-Lesen. Ich weiß, dass ich alles auf mein iPad downloaden könnte, aber ich liebe es, eine Zeitung in der Hand zu halten, die Druckerschwärze an meinen Fingern zu sehen, das Kreuzworträtsel mit einem Stift zu lösen und den ganzen Zeitungsstapel abzuarbeiten. Der junge Mann an der Kasse hatte so einen Massenkauf anscheinend noch nie erlebt. Endgültig verblüfft war er, als ich in bar zahlen wollte. In den USA benutzt man mittlerweile für jeden Einkauf Kreditkarten, vom Kaugummi bis zur Semestergebühr an der Uni. Er betrachtete meine Dollars, als ob ich ihm ein kleines Ferkel als Zahlungsmittel andrehen wollte. Vor lauter Aufregung bekam er die Kasse nicht auf. Ich beruhigte ihn – keine Eile, die einzige Kundin, viel Zeit. Er lächelte unsicher und fragte mit einem breiten osteuropäischen Akzent »Where are you from?«

»Berlin«, antworte ich.

Die Kasse öffnete sich, als er voller Stolz sagte: »America is the best country in the world!«

LOVE, ACTUALLY

Eine Stunde später erhielt ich eine SMS von meinem Bruder: »Sorry! Got stuck in a meeting – be there in 40!« Ich atmete aus, immerhin hatte er sich gemeldet. Ich legte meine Zeitung zur Seite und beobachtete eine halbe Stunde lang die Wogen von Menschen, die bei International Arrivals ankamen. Es war wie das Ende des Films *Love Actually* in Echtzeit – Eltern, Großeltern und Kinder warteten voller Vorfreude, um einen ersten Blick auf lang vermisste Familienmitglieder, Freunde oder Liebhaber zu erhaschen.

Und wo war mein Bruder?

Dick eingepackte Wollknäuel auf zwei Beinen rannten ekstatisch zwischen den Ankommenden herum und sprangen in offene Arme. Luftballons, Blumen und Plüschtiere wurden überreicht, Businesskollegen shook hands und schritten zielstrebig gen Ausgang.

Es war ein internationales Smörgåsbord von Passagieren: Frauen in Saris, Männer im Kaftan, stolze Latina-Omas in Tränen, die ihre Enkel zum ersten Mal erblickten. Nach nur 30 Minuten in Amerika wurde mir klar, wie mehrheitlich weiß die Menschen in Deutschland sind, und wie engstirnig ich geworden bin. Wenn ich in Berlin einen dunkelhäutigen Menschen auf der Straße sehe, denke ich »ein Türke«. Oder ein Afrikaner. Oder ein Grieche. Sie leben möglicherweise in dritter Generation in Deutschland, sind in Berlin geboren und sprechen ein Hochdeutsch, von dem ich nur träumen kann, doch ich denke selten »Oh, look! A German!« In den USA schaue ich die Menschen an und denke: »I wonder if they live in Brockton.« Ich ziehe keine mentale Trennlinie, diese Menschen sind für mich ganz selbstverständlich alles Amerikaner, ein Teil des big Melting Pot. Tragically befindet sich dieser Schmelztiegel in einem Meltdown.

Plötzlich hörte ich die vertraute Stimme meines Bruders: »Gayle Tufts!«, schrie er aus hundert Metern Entfernung. Er sah müde aus, aber glücklich, und humpelte mit seinen kaputten Knien auf mich zu. Nach meiner Rückkehr zeigte ich meinem Bremer die Fotos der Reise, und als er Ralph erblickte, meinte er, dass er mit seiner gebückten Haltung und den kaputten Zähnen nicht einmal mehr aussähe wie mein Vater, eher wie mein Großvater. Für mich wird mein Bruder immer neun Jahre alt bleiben und ich sechs. Wir sind in unserer Hütte on the Cape, wo wir uns ein Zimmer teilen und im Taschenlampenlicht comic books lesen. Schockierend festzustellen, dass wir nicht nur Erwachsene sind, sondern langsam alt werden. Er nahm meinen Koffer, ich meine Zeitungen und away we went.

★ ★ ★ ★ ★ ★ ★

5. HEIM/WEH

Wir fuhren den Highway Richtung Cape Cod, sprachen über seinen Job, seine Frau und seine Gesundheit, bis ich bemerkte, dass wir in downtown Boston waren, mitten im Berufsverkehr, genau in der falschen Richtung. »Brauchst du etwas aus der Stadt?«, fragte ich. »I thought *you* knew which way to go«, sagte Ralph.

Er hatte kein Navi, sein Akku war leer, mein Handy-Netz funktionierte noch nicht. In Deutschland hätte ich den Weg vorher recherchiert, und auch hier übernahm ich die Führung. In meinem hyperkoffeinierten Zustand versuchte ich, uns durch eine Stadt zu navigieren, in der ich seit über 20 Jahren nicht mehr selbst Auto gefahren war.

Es war ein Vorzeichen für die nächsten drei Tage mit meinem Bruder und seiner Familie und auch eine Metapher für die aktuelle Lage in meiner Heimat. Wir waren nicht ganz verloren, hatten aber keine Ahnung, wo es langgehen und wie wir nach Hause zurückfinden sollten.

Ralph stellte das Radio lauter, weil das Lied *Carry On* von Crosby, Stills, Nash and Young aus dem Jahr 1970 gespielt wurde. Bostons Radiosender sind awesome, sie spielen Lieder die man NIE in Deutschland im Radio hören würde: Soul, Bubblegum Pop, Funk, Underground Rock – der Soundtrack meines Lebens. *Carry On* von der Platte *Déja Vu* ist bis heute eines meiner Lieblingslieder, nicht nur wegen Neil Youngs kickass Gitarre oder der durchaus positiven Botschaft (»*Carry on, love is coming to us all*«), sondern vor allem, weil CSNY mir beigebracht haben, wie Harmonien funktionieren. Ich nahm Graham Nashs Tenorlinie auf und sang zusammen mit meinem Bruder lauthals mit, mitten im Stau, voller Inbrunst und etwas schief. Alle Texte, alle Harmonien waren noch da, und vielleicht brachte uns diese Gemeinsamkeit, mein intuitiver Orientierungssinn und die Fähigkeit, logische Schlüsse aus Verkehrsschildern zu ziehen, wieder auf den richtigen Weg, ohne Streit oder Karambolage.

Dann kamen im Radio die Nachrichten, und ich fragte Ralph: »What the fuck is going on?« Mein Bruder, ein Demokrat, lachte resigniert, zuckte mit den Schultern und sagte, dass das alles sowieso egal sei: »We're screwed.«

DIE VIERTE WAND

Am nächsten Morgen begleitete ich Ralph in den gigantischen Baumarkt Home Depot, um einen neuen Lüftungsschlauch für seinen Wäschetrockner zu besorgen. Meine Schwägerin Peggy hatte heute etwas Zeit, die Wäsche zu waschen und brauchte den Schlauch unbedingt. Ich war neugierig, eine überdimensionale Kapitalismuskathedrale zu erkunden, für mich eine neue Welt – ein Baumarkt so groß wie das Olympiastadion. Endlose Gänge voller Schneepflüge, Gewächshäuser, Holzplatten in jeder denkbaren Größe, Form und Farbe und elefantengroße Fässer gefüllt mit hunderttausend unterschiedlichen Schrauben. Wir schlenderten durch die breiten Gassen, in denen sich mehr Baumaterial stapelte, als man brauchen würde, um den neuen Berliner Flughafen zwei Mal fertigzustellen. Kurz bevor ich in dieser Heimwerkerhölle die Orientierung wieder verlor, fragte mich mein Bruder, welchen Schlauch er denn kaufen solle.

Ich war baff. Wie sollte ich das wissen? Wer bin ich? Seine Frau? Die NSA? Siri? Alexa? Google Gayle? Ich schlug vor Peggy anzurufen, um nach der Marke und der Gerätenummer des Trockners zu fragen. »I'll call her but she never answers her phone«, sagte Ralph.

Selbst wenn ich hellseherische Fähigkeiten gehabt hätte, ich bin keine Heimwerkerin, Haushaltsreparaturen freak me out. Auch aus diesem Grund besitze ich kein Haus. Ich wohne zur Miete und habe den Zeitpunkt verpasst, an dem sich ein Normalsterblicher in Berlin noch eine eigene Wohnung hätte leisten können. Der damalige Preis für eine unrenovierte 50 qm Wohnung in Neukölln reicht heute nur noch für einen halben Quadratmeter. Die Kosten sind explodiert.

Obwohl ich wegen meiner Immobilienabneigung jetzt ohne Altersvorsorge dasitze und höchstwahrscheinlich mein Lebensende als verschrumpelte Seniorin allein und hilflos in einem städtischen Heim für Entertainerinnen verbringen muss, ist es mir lieber, als Verantwortung für eine Eigentumswohnung tragen zu müssen. Als Hauseigentümer waren unsere Eltern untauglich. Unser Vater hat regelmäßig neue Projekte begonnen und nie zu Ende geführt. Das Haus war immer nur halb fertig. Von Sommer 1974 bis zu seinem Tod 1978 schaffte er es, jede Außenwand mit neuen Holzschindeln zu verkleiden – jede Seite nur zur Hälfte. Leitern standen ganzjährig draußen und warteten darauf, bestiegen zu werden. Im Garten stapelten sich Holzschindelhaufen und noch nicht aufgebaute Gerüste. Ich frage mich bis heute, warum er nicht einen Profi oder wenigstens einen handwerklich begabten Bekannten um Hilfe gebeten hat. Warum musste er diese Do-It-Yourself-Prüfung bestehen, obwohl die ganze Familie wusste, dass er garantiert scheitern würde? Und warum denkt mein Bruder, dass ausgerechnet ich ihm in irgendeiner Weise in einem Baumarkt behilflich sein könnte?

Ich gebe meine Unfähigkeit gerne zu. Ich lasse Elektriker meine Lampen anbringen, Malermeister die Wände streichen. »Wir können das selber machen«, sagt der Bremer,

»das spart Geld«. Ich muss ihn dann daran erinnern, dass es viel teurer wäre, ein 5-Sterne Wellness Hotel zu buchen, um danach meine Nerven zu beruhigen, oder einen qualifizierten Paartherapeuten zu engagieren – dass man ihn braucht, kann jedes Paar, das irgendwann einmal gemeinsam ein Billy-Regal aufgebaut hat, bestätigen.

»Call Brady«, schlug ich vor.

Mein Neffe ist 11 Jahre alt und das Beste, was meinem Bruder im Leben passieren konnte. Benannt nach Tom Brady, dem Quarterback der *New England Patriots*, ist er ein präpubertierendes Sweetheart. Intelligent, höflich, hübsch und etwas schüchtern, ist er der Anker im Leben meines Bruders, was für einen 11-jährigen vielleicht ein bisschen zu viel Verantwortung ist. Aber durch Brady hat Ralph seine Aufgabe entdeckt: Vaterschaft.

Brady ist ein Computernerd und innerhalb von 2 Minuten schickte er mir via WhatsApp ein Foto mit der Modellnummer des Trockners.

Endgültig schloss ich ihn in mein Herz, als wir am Nachmittag ins Multiplex gingen, um *The Lego Batman Movie* zu sehen, eine Persiflage auf Superhelden-Blockbuster mit Figuren aus Legosteinen. Beim Eisessen danach fragte ich ihn, wie ihm der Film gefallen hätte. »I liked it that they broke the 4th wall«, antwortete Brady, und ich wäre fast an meinem Frozen Joghurt erstickt. Woher wusste er etwas über den Brecht'schen Verfremdungseffekt? Ich hatte dafür ein ganzes Semester an der NYU gebraucht. »I read it online« sagte er. »Cool.«

Er wird von mir zu Weihnachten ein Flugticket nach Berlin bekommen.

Ich wartete am Ausgang des Home Depot und beobachtete meinen Bruder, wie er erfolglos versuchte, die Selbstbedienungskasse zu bedienen. Er sah dabei aus wie eine Mischung aus Otto Walkes und Oliver Hardy. Der Scanner funktionierte nicht. Mehrmals hatte er die falsche PIN-Nummer eingetippt und war kurz davor, auszuflippen. Ich bat einen korpulenten jungen Mann in einer Home-Depot-Schürze mit einem großen CAN-I-HELP-YOU?-Button drauf, dem Kunden an Kasse 3 zu helfen. »That's self service, ma'am«, sagte er und watschelte davon. Als über die Lautsprecher die Worte »PROBLEM AT REGISTER 3!« durch den ganzen Laden schallten, wurde Ralph rot und guckte mich zornig an, ein Blick, den ich jahrelang beim Grillanzünden, Weihnachtsbaumtransport oder Reifenwechsel gesehen hatte.

HAUSBESUCH

Am Abend war er immer noch stinkig. Trotzig saß er ganz nah vor dem Riesenflachbildfernseher in seinem TV-Sessel, Fernbedienung in der einen Hand, ein Bier in der anderen und wechselte ununterbrochen zwischen Sport und

Wetterkanal, Kochshow und *Fox News*. Abschätzig kommentierte er alles, was er sah.

Es dämmert früh in einer New England-Februarnacht. Im Wohnzimmer wurde es schnell dunkel, und im Geflimmer des Fernsehers, so allein in seinem Sessel, sah er aus wie meine Mutter mit sechsundachtzig in ihren letzten Monaten im Pflegeheim.

Ich ging in die Küche, wo Peggy Chicken Parmigiana kochte und eine zweite Flasche Wein öffnete. Dass die erste schon leer war, hatte ich nicht einmal mitbekommen. Wir kennen uns nicht sonderlich gut, sie ist immer etwas bissig, besonders nach ein paar Glas Wein.

Sie schenkte mir ein und sagte: »It's nice in Germany, right? The insurance is free!«

Nach 48 Stunden in der Heimat war mein Blutzuckerspiegel durch die Zufuhr von Pancakes, Eis und shitty white wine viel zu hoch. Langsam wurde auch ich stinksauer. Wie dumm sind diese Leute eigentlich? Haben sie irgendeine Ahnung von meinem Leben? Und wenn nicht, warum fragen sie nicht? Seit ich hier bin, hat sich niemand auch nur einmal erkundigt, wie es mir geht, wie es dem Bremer geht, wie meine Arbeit läuft, wie die politische Lage in Deutschland ist, wie ich mich als expatriate im Ausland nach dieser entsetzlichen Präsidentenwahl fühle, oder einfach nur, *what the fuck is going on?*

Am ersten Tag hatte ich meinem Bruder meine neue CD geschenkt, eine Liveaufnahme der SUPERWOMAN-Show, und fragte ihn nun, ob sie ihm gefallen würde.

»As soon as you started talking German, I turned it off«, antwortete er.

Ich platzte fast und setzte innerlich zu einer Rede an. Ohne Publikum, nur für mich: Obwohl ich das bei vielen German-Gesprächen auch gerne machen würde, I don't turn it off! Ich bin höflich! Auch schalte ich nicht deinen fucking Fernseher aus, obwohl der immer IMMER LÄUFT! Ich bin für 72 Stunden hier – nur 72 Stunden! Ok, Peggy! You wanna know about Versicherung in Deutschland – ich habe dir vor sieben Jahren alles über die Künstlersozialkasse und die Rentenkasse erzählt, vor fünf Jahren, vor zwei Jahren und vor sechs Monaten! Ich habe eine Versicherung, und ich zahle dafür!

Und Ralph, ich verstehe deine Wut, ich teile sie. Sie war nicht immer schön, unsere Kindheit. Es war nicht schön, dass wir im Auto vor der Cocktail Lounge sitzen mussten und darauf warten, dass unser Vater vom Rendezvous mit seiner heimlichen Freundin zurückkam. Die Streitereien danach mit Mutter waren auch nicht schön. Es war wirklich nicht schön, dass niemand uns vorgelebt hat, wie wir dieses Leben meistern sollen. Unsere Eltern waren manchmal wütend und überfordert, manchmal completely fucked up. Jetzt sind sie beide tot, und es gibt keine Antworten mehr, and that sucks. Du lebst auf diesem Kontinent, ich auf einem anderen, und es tut mir wirklich leid, aber es ging nicht anders. Ich weiß, dass deine Seele schmerzt und deine Knie, aber du musst endlich Physiotherapie machen! Du kannst nicht mehr richtig gehen! Nichts kommt von nichts!

Und ja, ich klinge sooo German – aber ich lebe in Germany – wo es immer ein warum und wieso und weshalb gibt. Germany – wo du nie warst, wo ich mich manchmal so allein fühle und so weit weg von meiner Familie und meiner Heimat. Aber es ist eine Heimat geworden, die ich nicht mehr verstehe, wo ein hässlicher Reality-TV-Star zum Präsidenten gewählt wird, wo ein gewaltiger erzkonservativer Rechtsruck alles erschüttert.

Ich habe auf dieses Land gesetzt, aber niemand spricht darüber, was passiert ist.

Warum nicht?

Ich möchte wissen, warum.

An diesem Abend würde ich bei Ralph and Peggy keine Antwort auf meine Fragen bekommen. Also fuhr ich nach dem Abendessen zurück ins Captain Farris House, einem charmanten B&B in South Yarmouth, in dem ich übernachtete, wo der Duft von Kaminfeuer und frischgebackenen Muffins durchs Haus wehte, und wo ich Abstand und Geborgenheit fand.

COMFORT FOOD

Um vier Uhr morgens wachte ich auf und griff nach meinem Zeitungsstapel. Es wurde zunehmend schwerer, eine Zeitung von vorne bis hinten durchzulesen, ohne in eine tiefe Depression zu verfallen. Schlagzeilen in der *New York Times* wie »How to ease into a truly scary world« (»Finde dich zurecht in einer wirklich beängstigenden Welt«) oder im *Brockton Enterprise* »Brockton raid finds fentanyl, weapons and baby left alone in tub« (»Bei einer Razzia findet die Polizei Opiate, Waffen und ein alleingelassenes Baby in der Badewanne«) waren in der frühmorgendlichen Dunkelheit eine Herausforderung.

Am liebsten hätte ich mich wie in meiner Kindheit unter dem schweren Patchwork Quilt verkrochen. Glücklicherweise war Jeff, der Inhaber des B&B, auch ein Frühaufsteher. Er hatte Kaffee aufgesetzt und Chocolate-Chip-Cookies gebacken.

Ich war mehr als bereit für ein bisschen comfort food und eine Plauderei mit Jeff, einem Denzel Washington-Doppelgänger und Frührentner aus New York. Vor einem Jahr hatte er seinen Job in der Pharmaindustrie geschmissen und war nun mit seiner Frau Carol Inhaber des B&B.

»Got off the treadmill!«, sagte Jeff und lachte. »Cookie?« Das Gebäck kam frisch aus dem Ofen, die warmen Schokoladenteilchen schmolzen auf meinen Fingern und meiner Zunge. Himmlisch. Gut, dass ich hier nur drei Tage bleibe, dachte ich.

Viele meiner Freunde in den USA sind so verzweifelt, wütend und am Ende mit den Nerven, dass sie eine Art Post Election Stress Disorder entwickelt haben. Seit der Wahl im November haben sie nach reichlich Trostessen und Komasaufen durchschnittlich 7 Kilo zugenommen – ein landesweites Phänomen, das in den Medien als »Trump Rump« (»Trump-Pummel«) beschrieben wird.

Inzwischen wird gegen die Frustpfunde angekämpft. Rein in die Laufschuhe, hoch auf den Stepper, um fit für den Kampf zu werden. Wie praktisch: Jedes Mal, wenn ich den Namen des Neuen und das Wort »President« in einem Satz höre, könnte ich mich übergeben. Und schon verschwindet der Trump Rump.

Mein Gastgeber sah meine Verzweiflung und drückte mir die morgendliche Ausgabe der *Cape Cod Times* in die Hand, »Enjoy!«, sagte Jeff.

TAGESAUSFLUG

Die kleine Lokalzeitung war voller Tipps zu Tagesausflügen fürs lange Wochenende. Ich hatte vergessen, dass Montag ein Feiertag war, Presidents' Day, zum Gedenken an die Geburtstage von George Washington und Abraham Lincoln, beide geschätzt und bewundert, die wertvollsten Garanten der amerikanischen Demokratie. Viele kleine Restaurants und Galerien waren ausnahmsweise lange vor Saisonbeginn geöffnet. Als die ersten Sonnenstrahlen durch das Wohnzimmerfenster schienen, entschied ich mich für eine Erkundungsfahrt durch das winterliche Cape Cod.

Ich stieg ins Auto, und der erste Song im Radio war von The Supremes: *You Keep Me Hangin' On*. Angetrieben von Kaffee, Cookies und Motown, fuhr ich über die Bass River Bridge, die Route 28 entlang, vorbei an den Highlights meiner Kindheit: Holiday Hill Minigolf, The Kream 'n Kone Eisladen, The Wishing Well Motel, wo ich mit fünfzehn meinen ersten Sommerjob als Zimmermädchen hatte. Die Sonne blendete, der Geruch von Coppertone-Sonnencreme und Pommes waberte durch mein Gemüt, ein olfaktorischer Flashback. Ich fuhr an den Strand, wo ich zusammen mit meinen Geschwistern vor sieben Jahren versucht hatte, mitten in einem Sturm die Asche meiner Mutter zu verstreuen. Ich schmeckte noch das Salz der Atlantikluft und meiner Tränen. Zum ersten Mal seit Jahren war ich nicht wegen einer Beerdigung oder eines Besuchs am Krankenbett hier. Dennoch lag Abschied in the air.

VIVA PROVINCETOWN!

Ich beschloss eine Pause von meiner Vergangenheitsbewältigung zu machen. Ich hatte Lust, etwas Neues zu entdecken und fuhr weiter Richtung Provincetown, die Nordspitze von Cape Cod, den Landepunkt der Pilgerväter, Urlaubsmekka für Schwule und Lesben, Oase für Hippies und Künstler. Tennessee Williams hatte hier gewohnt, Willem de Kooning, Valeska Gert und Norman Mailer. Bis in die Sechziger waren die Grundstücke spottbillig gewesen, weil das Überwintern hier so hart war. Fünfundvierzig Quadratkilometer Abgeschiedenheit, davon zwanzig Quadratkilometer Wasser, weitere zwanzig nur Dünenlandschaft. Mittlerweile steigt die Einwohnerzahl jedes Jahr von 3415 im Winter auf 60 000 im Sommer. Die Wohnsituation in Provincetown ähnelt den Zuständen auf Sylt, ein Urlaubsparadies, das sich die Einheimischen nicht mehr leisten können, da die Sommergäste bereit sind, für ein Feriendomizil horrende Preise zu zahlen.

Ich war jahrelang nicht in P'town gewesen und freute mich darauf, an den dramatischen Stränden des Cape Cod National Seashore durchgepustet zu werden, vom Aussichtsturm des Pilgrim Monument den herrlichen Blick nach Boston zu genießen und eine leckere Clam Chowder zu verputzen, einen gehaltvollen Fischeintopf aus Miesmuscheln und Sahne, der nur auf Cape Cod so köstlich schmeckt. Stevie Nicks sang im Radio *Rhiannon*, die Straßen waren leer, ich fuhr genüsslich die Küste entlang, als kurz vor der Provincetown City Hall ein Polizist mitten auf der Straße ein Stoppschild hochhielt. Mist! Wurde ich doch von der NSA überwacht? Ich kurbelte mein Fenster herunter und sagte so unschuldig wie möglich: »Hello Officer.«

Er beugte sich zu mir, lächelte und sagte: »Welcome! You're just in time!« Ich kam gerade rechtzeitig, um an der »Not My Presidents' Day«-Demo teilzunehmen. Er wies auf einen Parkplatz und winkte mir aufmunternd zu.

In einem kleinen Park am Fuß des Pilgrim Monument hatten sich etwa hundert Leute versammelt, um gegen Rassismus, den Präsidenten und sein Einreiseverbot zu demonstrieren und für Toleranz, Gleichberechtigung, Bürgerrechte und Klimaschutz. Es war eine bunte Truppe – ältere lesbische Paare, Schwule mit Regenbogenfahne, Menschen im Rollstuhl, alte Hippies mit grauen Zöpfen und Tamburin, Teenager auf Skateboards und jede Menge Hunde. Sie standen in Daunenjacken und Wollmützen in der klaren Wintersonne und warteten geduldig vor der improvisierten Bühne, einer Treppe vor einem großen Flachrelief der Pilgerväter aus Bronze. An einem kleinen Holzpult lehnte der mit Filzstift beschriebene Deckel einer großen Kühlbox:

NOT MY PRESIDENTS DAY.

Viele weitere homemade Schilder wurden hochgehalten:

RESIST! oder LOVE TRUMPS HATE! oder BUILD BRIDGES NOT WALLS!

Es gab auch viel Humor: ELECT A CLOWN / EXPECT A CIRCUS oder FREE MELANIA!

Und mein Lieblingsschild – Wortspiel und Beschimpfung des homophoben Vizepräsidenten in einem: NOT GAY AS IN »HAPPY« – QUEER AS IN »FUCK MIKE PENCE«

Der dynamische einunddreißigjährige Abgeordnete Julian Cyr sprach über Inklusion und die Geschichte von Provincetown als Zufluchtsort und LGBT-Refugium. »Wir sind der Beweis dafür, dass es funktioniert. Wir sind die originale Sanctuary City, ein Zufluchtsort, der illegale Migranten nicht abschiebt.« Eine junge Frau mit rosa Pussymütze drückte mir ein Pappschild in die Hand: TOGETHER.

Ich hielt es hoch, als die Menge anfing, die Parole gegen Hass und Angst zu rufen, die in dieser Woche auf allen Flughäfen der USA zu hören war: NO HATE! NO FEAR! EVERYONE IS WELCOME HERE! Und ich war stolz, hier zu sein, auf meiner ersten Demo der Gegenbewegung.

Vive la résistance.

LIFE DURING WARTIME

Nach der wärmenden Chowder im gemütlichen Pub The Squealing Pig fuhr ich zum Strand, der Teil eines riesigen Nationalparks ist. Als ich gegen den strammen Wind ankämpfte, schaute ich auf den Atlantik, hier hatte ich schwimmen gelernt. In dieser Brandung hatten wir stundenlang getobt, bis mein Vater uns – zitternd, glücklich und mit blauen Lippen – aus dem Wasser holte. Ich wischte mir die Tränen aus den Augen und winkte meinem Vater zu, meiner Mutter, meinem Bremer. Wie damals sehnte ich mich nach der anderen Seite des Ozeans.

Ermutigt von der Musik, die im Radio lief, fragte ich mich auf der Rückfahrt, ob mein Bruder dem Radiosender Ocean 104.7 meine jugendliche Plattensammlung verkauft hatte. Das waren nicht nur Lieder, die ich nie im Radio in Deutschland höre, das waren Lieder, die *ich selbst* nicht mehr höre, obwohl ich sie liebe. Eines Tages waren sie verloren gegangen, von Vinyl auf Kassette, von Kassette auf CD, irgendwann ausgemistet und nie downgeloaded. Steely Dan, Heart, John Cougar Mellencamp, Billy Joel – aber nicht das 80er-Gedudel, das wir in Deutschland vorgesetzt bekommen, Vintage-Billy-Joel! Statt *Uptown Girl* läuft *Scenes From an Italian Restaurant* – in voller Länge! 7 Minuten und 37 Sekunden!

Kurz vor The Captain Farris House spielte Ocean 104.7 *Life During Wartime* von Talking Heads (»This ain't no party, this ain't no Disco, this ain't no fooling around!«) Mit seinem funky Bass und David Byrnes eindringlicher Stimme war das die Hymne meiner Studienzeit gewesen, mitgesungen auf jeder Party und mitgetanzt in jeder Disko. Ich lachte, weil ich überraschenderweise noch jede Textzeile auswendig kannte. Plötzlich war ich genauso excited wie damals, als ich mich zum ersten Mal auf den Weg zu meinem nächsten Reiseziel machte: The Big Apple.

Am nächsten Morgen traf ich Ralph zum Frühstück. Ich hatte entschieden, selbst im Mietwagen nach Boston zu fahren, um rechtzeitig zu meinem Zug nach New York zu kommen. Ich glaube, Ralph war auch erleichtert, er hatte jetzt einen freien Tag und konnte seine Füße hochlegen und mit Brady ein Movie anschauen. Wir umarmten uns fest, und ich war sehr froh, meinen Bruder zu haben – für 72 Stunden.

★ ★ ★ ★ ★ ★ ★ ★ ★ ★ ★ ★ ★ ★ ★

6. NEW YORK STATE OF MIND

Der 9:25 Uhr Amtrak Train nach Penn Station makes the ICE nach Hannover feel like the Orient Express. Der Zug war in die Jahre gekommen, klapprig und verfallen. Nach drei Tagen mit der Familie fühlte ich mich selber genauso.

Wir kennen uns schon länger, Amtrak und ich. Er war nach all meinen Familienbesuchen mein bevorzugtes Reisemittel gewesen, meine Dekompressionskammer und meine Rettung. Mit der *New York Times* und einem wässrigen Kaffee fuhr ich wie damals durch Rhode Island und Connecticut die Küste entlang zurück ins Real Life: New York.

Nichts gleicht dem Anblick, wenn nach einer Kurve in New Rochelle die Skyline von Manhattan zu sehen ist. Jedes Mal haut es mich um. Mein Herz schlägt schneller, ich habe Tränen in den Augen. In meinem Kopf höre ich sehr laut Alicia Keys and Jay Z: »*These streets will make you feel brand new, big lights will inspire you ...*«

Es ist Metropolis, Gotham City und Oz in einem, wunderschön und hässlich, verführerisch und launisch, gefährlich und vertraut.

Es ist der Tony Soprano unter den Großstädten – er umarmt dich, lächelt dich an und flüstert mit einem dicken New Yorker Akzent in dein Ohr: »Don't fuck with me!«

Ich liebe es.

Ganz am Ende von Manhattan checkte ich in einem Hotel in Battery Park ein, guckte aus dem Fenster und da war sie: Lady Liberty strahlte im New York Harbor in der Sonne, ermutigend und stark. Nach allem, was sie in den letzten Monaten (und Jahren!) durchgemacht hatte, sah sie für eine Frau von 130 Jahren immer noch verdammt gut aus – das ultimative American Showgirl.

Ich war erst einen Tag später mit meiner alten Freundin Lucy verabredet und wusste, wo ich als Erstes hingehen musste: die Pflicht jeder Entertainerin – ab zum Broadway.

BROADWAY BABY

Um 19:59 Uhr erloschen die Lichter. Ich sank tiefer in meinen Theatersessel und war glücklich. Die Nachzügler wurden von empörten Usherettes schnell zu ihren Plätzen geleitet, die letzten Bonbons wurden ausgepackt, und dann herrschte Ruhe. Dies ist einer meiner Lieblingsmomente, und ich genieße sie jedes Mal erneut, diese hochspannende Sekunde kurz bevor eine Broadway-Show beginnt. Es ist einer der wenigen Momente in New York, wo es still ist. Als Zuschauer ist man Teil einer zufälligen Gruppe von Menschen – Touristen aus Ohio, Schauspielstudenten mit ihren Eltern, Rentnerinnen, die jede Show seit 1976 gesehen haben, schwule Männer from all around the world. Auf einem kleinen, magischen Stück von Manhattan – 41st bis 53rd Street zwischen Sixth und Ninth Avenue, hundertzehntausend Quadratmeter Theatergeschichte in vierzig Theatern, acht (manchmal neun) Mal in der Woche, wird tief ein- und wieder ausgeatmet, bevor die Ouvertüre ertönt, der Vorhang sich öffnet und die Vorstellung beginnt.

Ich schätze diesen Moment besonders, weil es die Shows, so wie ich sie liebe, nur am Broadway gibt. Viele Broadway-Sensationen kommen überhaupt nicht nach Deutschland, und wenn sie Jahre später doch noch in Oberhausen auftauchen, sind sie auf Deutsch, was einfach ein wenig – sagen wir mal – anders klingt. Ich hatte händeringend versucht, eine Karte für den Tony Award-Abräumer und Pulitzerpreis-Gewinner *Hamilton* zu ergattern, ein Musical über das Leben des Gründervaters Alexander Hamilton, und es ist der aktuelle Musicalhype, aber die Show ist bis März 2018 ausverkauft. Es gibt eine Online-*Fan-to-Fan*-Börse, in der glückliche Kartenbesitzer ihre Karten, die vor Monaten noch 100 bis 150 Dollar gekostet haben, vergolden können: Ein sichtbehinderter Platz im zweiten Rang kostet nun $2500! Unter einer vierstelligen Summe ist nichts zu haben. Jemand hat tatsächlich ein Ticket für $6000 verkauft. Vor dem Same-Day-Cancellations-Fenster an der Theaterkasse wartete eine Schlange, die von der West 46th Straße bis nach Brooklyn reichte.

Alle wollen die Geschichte des ersten amerikanischen Finanzministers als Hip-Hop-Musical erleben. Eine Show, die Amerika als Einwandererland zelebriert. Hamilton, der auf jeder 10-Dollar-Banknote zu sehen ist, hat eine hochinteressante Biografie, die fast kein Amerikaner kennt: Auf der westindischen Insel Nevis kam er als uneheliches Kind einer Hugenottin und eines Schotten zur Welt, kämpfte im Unabhängigkeitskrieg neben George Washington, entwickelte das Amerikanische Bankensystem, gründete die US Coast Guard und die Tageszeitung *New York Post*. Schon 1790 war er ein Vorkämpfer für Arbeiterrechte und gegen die Sklaverei. Dick Cheney, der ehemalige Vizepräsident von George W. Bush, war nach seinem Theaterbesuch ebenso begeistert wie Barack Obama, der scherzte: »*Hamilton*, da bin ich mir sicher, ist das Einzige, worauf ich mich mit Dick Cheney einigen kann.«

Kurz nach der Wahl konnte sogar Vice-President-Elect Mike Pence eine Hamilton-Karte ergattern und war etwas überrascht, als die Darsteller ihm am Ende der Vorstellung höflich für seine Anwesenheit dankten und ein respektvolles kurzes Plädoyer für ein vielfältiges Amerika vorlasen. Der ehemalige Gouverneur aus Indiana ist ein stockkonservativer Christ, Abtreibungsgegner und Klimawandel-Leugner. Er glaubt nicht nur, dass Homosexualität eine Sünde ist, sondern auch, dass sie durch »Reparativtherapie« wieder »geheilt« werden kann. Das Publikum buhte ihn aus, er verließ eilig das Theater und der President-Elect verlangte noch in der Nacht per Twitter eine Entschuldigung. Seitdem haben sich die Ticketpreise noch einmal verdoppelt.

FELLINI AUF LSD

Also versuchte ich spontan mein Glück an der Abendkasse von *Come From Away*, einem kanadischen Musiktheaterstück, das auf der wahren Geschichte des kleinen neufundländischen Örtchens Gander basiert. Am 11. September mussten dort nach der Terrorattacke achtunddreißig Flugzeuge notlanden. Drei Tage lang wusste niemand, was vor sich ging. Dieses kleine Meisterwerk auf ein »9/11-Musical« zu reduzieren, wäre absolut falsch – es war bewegend, witzig, rührend und wahnsinnig menschlich. Wahrscheinlich können nur Kanadier einen solchen Blick auf diese Katastrophe werfen. Am Ende war ich, wie immer in New York, irritiert, als sich das Publikum nach einer jubelnden Standing Ovation in Windeseile umdrehte und zum Ausgang hetzte. Ich stand ganz allein in meiner Reihe wie eine Vollidiotin und klatsche minutenlang wie verrückt, so lange, bis die Usherette mir taktvoll den Ausgang zeigte. Mittlerweile bin ich an den Applaus-Marathon gewöhnt, der in Deutschland nach jeder Theateraufführung einsetzt. Als ich das Mahler-Programm von Sir Simon Rattle und den

Berliner Philharmonikern hörte, stand ich am nächsten Morgen mit Blutergüssen und Krämpfen in den Händen unter der Dusche. Deutschland serviert das 5-Gänge-Applaus-Menü, der Broadway die Mikrowellen-Variante: intensiv, heiß und superschnell vorbei.

Das Schoenfeld-Theater, in dem *Come From Away* spielte, wurde 1917 erbaut. Es ist ein solides Backsteingebäude, einfach und schmucklos. Es gibt kein Foyer, wenn man aus dem Theater kommt, landet man direkt auf der Straße, wodurch jedes intensive Theatererlebnis abrupt beendet wird – oder zu einem neuen einlädt. Alle vierzig Broadwaytheater liegen nämlich direkt nebeneinander, und alle Shows enden beinahe zeitgleich, sodass nach jeder Matinee und Abendvorstellung fünfzigtausend Menschen auf den Times Square gespült werden.

Eine extraordinäre Street Art-Performance – ein Fellini-Film auf LSD, *Blade Runner* in Echtzeit. Auf kunterbunt beleuchteten Reklametafeln, so groß wie die Plattenbauten am Alexanderplatz, flimmert farbenprächtige Werbung für Broadway-Shows, TV-Shows, Coca-Cola und Bud Light Beer.

Riesige Videoleinwände zeigen die neuesten Kinotrailer von *Power Rangers – the Movie* bis zur *50 Shades of Grey*-Fortsetzung *50 Shades Darker*.

Ein Live-Feed sendet auf einem zwanzig Etagen hohen Plasmabildschirm Nachrichten, Sportergebnisse, Aktienkurse und den Wetterbericht. Ein Live-Crawl mit Schlagzeilen wie »Military spending won't guarantee peace ...«

schlingt sich um den ehemaligen Virgin-Megastore direkt neben dem US Armed Forces-Rekrutierungszentrum, während um die Ecke Spiderman, Batman, Mickey Mouse und Elmo auf ahnungslose Touristen warten, die gerne fünfzig Dollar für ein Selfie mit ihnen zahlen.

I LOVE THE NIGHTLIFE

Irgendwie vermisse ich den Times Square, wie ich ihn von früher aus den 70ern kenne, den abgerockten *Asphalt Cowboy*-Times Square mit seinen Pornokinos und Kung-Fu-Movies, Howard Johnson's, das 24-Stunden Restaurant mit den Fried Clam Rolls und Rusty Nail Cocktails und The Gaiety Male Burlesque, einem berüchtigten schwulen Stripclub direkt neben den Harlequin Rehearsal Studios, wo ich meine erste Off-Broadway Show *Cult Figures!* zusammen mit meinem Mitstudenten und Schriftsteller Nicky Silver probte.

Für $ 7.50 pro Stunde mieteten wir einen 3x2 Quadratmeter »großen« »Raum«, mehr Schrank als Zimmer, mit einem Klavier, das unglaublich verstimmt war, und einem klitzekleinen Fenster mit Blick auf *Howard Johnson's* Rückwand. Wochenlang probten wir unsere Songs und die Choreografie, unter uns pulsierte der Gaiety's-non-stop-Disco-Beat – Alicia Bridges mit *I Love The Nightlife* oder Karen Young mit *Hot Shot*.

Es roch nach Schweiß und Clams und Amylnitrit.

Auf der Suche nach Bildern dieses fast schon mystischen Ortes meiner Studienzeit fand ich auf einer Bewertungsseite für Probenräume in New York City diesen Eintrag:

»I want to preface everything I'm about to say with the following: I am not exaggerating. Harlequin Studios is where actors go to die, or possibly, after they die, if they've been bad, this is where hell is. This studio is dirty, run down and bizarre (a reason why you have to see it once). I rehearsed a film here and had a ceiling tile fall on my head. There is bizarre orange carpeting on some of the walls. Insects. Scary woman with a tracheotomy at the front desk. Discontinued brands of candy in the vending machines. A collapsed stairway full of bird droppings. It's really cheap, and in a way, every actor needs to see it once, but if you value your health or sanity, DO NOT RENT HERE.«

(»Zunächst einmal möchte ich Folgendes vorausschicken: Ich übertreibe nicht. Das *Harlequin Studio* ist der Ort, an den man als Schauspieler geht, um zu sterben. Oder vielleicht ist es sogar der Ort, an dem man sich befindet, nachdem man gestorben ist. Falls man ein schlechter Mensch war. Denn das Studio ist die Hölle. Es ist schmutzig, heruntergekommen und absolut skurril (vielleicht ein Grund, zumindest einmal hinzugehen). Ich habe hier für einen Film geprobt, und mir ist dabei eine Deckenplatte auf den Kopf gefallen. An manchen Wänden des Studios befindet sich seltsamer orangefarbener Teppich. Überall sind Insekten, eine gruselige Frau mit Luftröhrenschnitt sitzt am Empfang, der Süßigkeitenautomat ist voller Produkte, die längst nicht mehr auf dem Markt sind. Ein Teil der Treppe ist zerstört und mit Vogeldreck übersät. Die Miete ist echt niedrig, und irgendwie muss es jeder Schauspieler einmal gesehen haben, aber wenn euch eure Gesundheit lieb ist, MIETET ES AUF KEINEN FALL.«)

The Harlequin, Howard Johnson's und the Gaiety gibt es nicht mehr. 2005 wurde das ganze Gebäude abgerissen. Jetzt steht dort ein American Eagle Outfitters, eine Art postmodernes Gap, ein überteuerter Jeans-Laden mit permanentem David Guetta-Soundtrack und gigantischen Flatscreens an der Fassade, auf denen Kunden ihre im Laden geschossenen Selfies posten können.

Darüber steht in gewaltigen Lettern: #GET YOUR 15 SECONDS OF FAME. Andy Warhol lässt grüßen.

MISS MANHATTAN

In der Subway wartete ich auf den downtown E train. Mit meiner gelben Broadway Playbill, dem Theater-Einheitsprogrammheft in der Hand, stand ich zwischen Pendlern und Hipstern und hoffte, nicht zu touristisch auszusehen. Im grellen Licht des stinkenden 42nd Street-Station-Bahnsteigs fühlte ich mich plötzlich ein bisschen zu sauber. Meine schwarzen Jeans waren ein bisschen zu neu, meine

Chucks ein bisschen zu weiß. Ich sah etwas sehr frisch aus, etwa so, als würde ich regelmäßig spazieren gehen und Obst essen, das in echtem Sonnenlicht gereift ist. Am liebsten hätte ich einen großen Button mit den Worten »LIVED HERE FOR 13 YEARS! ICH BIN EINE VON EUCH!« gehabt. Oder eine Schärpe mit MISS MANHATTAN.

Ich stieg in den Zug, fand schnell einen Sitzplatz und machte, was für mich das Markenzeichen jedes Native New Yorkers ist: Ich nahm meine *Times*, öffnete sie und faltete die Seiten nach außen, knickte sie in der Mitte und noch einmal zur Hälfte und hielt mir dann das Zeitungsviertel vor mein Gesicht. Das hatte hier früher jeder gemacht, weil es platzsparend ist – aus Respekt und Notwendigkeit. Hinter meiner Zeitung war ich stolz, dieses einheimische *Times*-Origami-Ritual noch zu kennen und anwenden zu können. Dann wurde mir klar, dass ich die Einzige im Zug war, die bedrucktes Papier dabeihatte. Ich war nicht nur die Touristin aus einem anderen Land, ich war eine Touristin aus einer anderen Epoche. Alle anderen Mitfahrer waren hypnotisiert von ihren Smartphones, und ich fühlte mich prähistorisch und oldschool mit meiner Printausgabe. Früher war eine Subway-Fahrt ein soziologischer Lackmustest gewesen – wer liest was? Der Besserwisser mit der *Times*, der arrogante *Wall Street Journal*-Typ, der trashige *Post*-Fan, der *Village Voice*-Bohemian. Heute ist es eine Brave New World – informierte Mitbürgerinnen und Mitbürger haben alles in einer Hand, aktuelle Infos aus allen

Medien, in allen Formaten, weltweit, live und up-to-the-minute. Ich war schwer beeindruckt, bis ich merkte, dass das tätowierte Punkmädel links von mir *Candy Crush* spielte, der Pizzabote rechts *Angry Birds*, und der Wall Street-Anzugträger, der sich an der Haltestange über mir festhielt, *Grand Theft Auto*.

PHOENIX AUS DER ASCHE

Auf dem Heimweg stieg ich an der PATH-Train-Station aus und landete auf einem anderen Planeten. Ich stand mitten in einem architektonischen Wunder, bestaunte den massiven Bau, alles in Weiß, hell und strahlend. Zwei wie Vogelschwingen nach außen strebende Decken in 50 Metern Höhe vermittelten den Eindruck, dass die ganze Station gleich abheben würde, wie Phoenix aus der Asche. Der spektakulärste Bahnhof, den ich je gesehen habe: Oculus, The World Trade Center Transportation Hub, erdacht vom spanischen Architekturstar Santiago Calatrava, als Teil des 9/11 Memorial. Ich war auf dieses unfassbare Gebäude und seine friedvolle, futuristische Schönheit ganz und gar nicht vorbereitet.

Es war mein erster Besuch des Memorial, und ich hatte ein mulmiges Gefühl, als ich die elegante Marmortreppe hochstieg. Ich wollte keine Touristin des Terrors sein, habe zu viel Respekt vor diesem Ort, gerade weil er für mich bis zum elften September ein ganz alltäglicher Ort gewesen war. Mich erschüttert dieser fürchterliche Anschlag immer noch, und die Wucht, mit der er unsere Welt verändert hat.

Das Mahnmal Reflecting Absence ist wirklich remarkable. Mit beeindruckendem Feingefühl haben die Architekten einen Ort der Stille und Kontemplation geschaffen. Zwei riesige Becken stehen dort, wo einst die Zwillingstürme standen, die Fußabdrücke der Twin Towers. Eine Wasserfläche auf Straßenhöhe fließt wasserfallartig neun Meter tief in ein Untergeschoss ab. Es sieht aus wie ein nie versiegender Tränenstrom. Der Mond war fast voll, der Himmel sternenklar, als ich am Rande des Beckens die in Kupfer gefrästen Namen der 2983 Menschen las, die bei den Anschlägen ums Leben gekommen waren. Andere Besucher gingen langsam und ruhig allein oder zu zweit hier entlang, ohne Smartphones oder Starbucks-Becher in der Hand, voller Achtung und nachdenklich.

SPAZIERGANG MIT WOODY

Ich überquerte die Straße und lief entlang des Hudson River nach Battery Park, dem südlichsten Punkt Manhattans. Ich brauchte dringend Wind und Wasser und noch einen Blick auf Lady Liberty.

Battery Park ist bei aller Modernität fast schon idyllisch. Zu jeder Tageszeit sieht es hier so aus, als würde Woody Allen gerade einen Film drehen. Aber der Park war fast menschenleer, nur einige Dogwalker, ein Jogger und ein Sushi-bote. Sie beachteten mich nicht. Ich stand am Flussufer und wurde von einer mächtigen Erschöpfung überrollt. Die Bilder der letzten Stunden und Tage waren bedrückend gewesen. Ich setzte mich auf eine Parkbank und fing an zu heulen.

Ich hatte Heimweh for a Heimat that was nicht mehr da. Ich dachte an alles, was fehlt – the Twin Towers, meine Eltern, meine Jugend. Ich spürte ihre Abwesenheit, ihre absolute Unersetzbarkeit. Ich dachte an lang verlorene Lieben, verpasste Gelegenheiten, the road not taken. Ich vermisste Barack Obama und Hillary Clinton, the Howard Johnson's on Times Square und 675 Hudson Street.

Sechs Jahre habe ich in einer WG mit Lucy in ihrem Loft in 675 Hudson Street gewohnt, in the heart of the Meat Market District. Vor langer Zeit hatte sie mit viel Glück und Hartnäckigkeit eine aussterbende Seltenheit ergattert: einen Mietvertrag mit Mietpreisbindung. Weil der Vermieter immer weniger an ihr verdiente, überließ er die Wohnung irgendwann sich selbst. Es war eine extremely funky halbe Etage in einem heruntergekommenen Fabrikgebäude in der Nähe der 14th Street. Klappernde Fenster, verstopfte Rohrleitungen, Mäuse. Es regnete manchmal durchs Dach ins Badezimmer. An zwei Stellen. Und in der Küche. Und im Flur.

Wenn die Sonne längere Zeit nicht schien, standen fünf bis sieben stets volle Eimer unter feuchten Flecken. Es gab aber auch einen geräumigen Probenraum, eine Reihe von verrückten, kreativen internationalen Mitbewohnern und die besten Partys der Stadt, alles angetrieben von Lucys endloser Energie, ihrem Humor und ihrer Liebe. Kostüme, Bühnenbildreste und Leidenschaft platzten aus jeder Ecke. Punkrock, Pailletten, Kunstblut und Glitzer gemischt mit Aktivismus und Sex. 675 Hudson Street war legendär und ein wichtiger Teil meines Lebens. Nach 33 Jahren, einer Tochter im Teenageralter und einem pervers hohen Rauskaufangebot des Vermieters ist Lucy nun in eine neue, trockenere Wohnung umgezogen – in Soho, dem ultragentrifizierten Künstler-turned-Touristenviertel, wo jetzt Bloomingdales, Prada und das Trump Soho Hotel zu Hause sind. Es gab ein berauschendes Abschiedsfest, aber ich war auf Tournee in Dreieichenhain und konnte nicht kommen.

Ich war tieftraurig, weil 675 mein seelisches Zuhause war. Und jetzt ist es für immer verloren.

SCHOCKZUSTAND

Ich erinnerte mich an den Tag im Herbst 1978, kurz nach dem Tod meines Vaters, als meine Mutter mich in meinem Studentenheim anrief, um mir mitzuteilen, dass sie unser Haus in Brockton und die Hütte auf Cape Cod samt allem, was darin war, verkauft hätte. Sie war eine Witwe im Schockzustand, hatte Schulden und Angst vor der Zukunft.

Weil sie die Vergangenheit möglichst schnell vergessen wollte, hatte sie das Haus innerhalb von zwei Tagen für $65000 an die Bank verkauft. Als ich vor Jahren zum Strand meiner alten sommerlichen Nachbarschaft fuhr, war die Hütte zwar noch da, aber das Grundstück aufgeteilt. Ein Drittel stand zum Verkauf – für one million dollars.

Als sie mich anrief, war schon alles weg – Möbel, Familienfotos, meine Plattensammlung, meine Kuscheltiere. Zusammen mit meinem Bruder würde sie nun in einem Appartement wohnen. »Life goes on«, sagte sie resigniert und lächelte. Die Eiswürfel in ihrem Cocktailglas klirrten.

Meine Tränen versiegten nicht. Rotz lief mir aus der Nase, und ich suchte verzweifelt nach einem Taschentuch, als mein Telefon klingelte. Eine SMS von Lucy: »wanna go to a protest for a free press at ny times building at 11? coffee and bagels before?«

THE GREAT WORK BEGINS

Am nächsten Morgen stand ich vor einer großen Metalltür neben dem Hintereingang eines Restaurants in der Nähe der 6th Avenue. Ich drückte den Buzzer und hörte eine enthusiastische Stimme: »Come on up!« Als ich die quietschenden Stufen zur dritten Etage hochstieg, war es wie ein Déjà-vu – das hier war fast wie 675, nur viel sauberer, etwas neuer und ohne sichtbare Mäuse.

Lucy öffnete die Tür und sah nicht eine Minute älter aus. Obwohl wir uns fast zwei Jahre nicht gesehen hatten, war sie wie immer, very New York – kurze blonde Haare, zerrissene black Jeans, T-Shirt, schwarze Stiefeletten. Annabel, mittlerweile eine 13-jährige junge Dame, war mindestens um einen Meter in die Höhe geschossen, gorgeous in Jeans und Hoodie. Auf einem Tretroller gab sie mir stolz eine Führung durch ihr neues Zuhause. Das neue Loft ist gemütlich und lichtdurchflutet, immer noch voller Kostüme und Requisiten, aber mit genügend Platz für alle menopausierenden und pubertierenden Menschen, um in Frieden zu leben. Und es gab keinen Landlord mehr, der das Haus verrotten ließ. Lucy war jetzt die Eigentümerin. Neben einer Vase voller Tulpen, dicken Filzstiften und Pappbögen für unsere Protestschilder schnurrte eine Katze auf einem großen Tisch in der Sonne.

Lucy ist Performancekünstlerin, Produzentin und Autorin. Sie stammt aus Brooklyn und ist die Tochter eines Anwalts für Bürgerrechte und einer Aktivistin. Gerechtigkeit war die Marke ihrer Muttermilch. Seit ihrer Kindheit kämpft sie für das Wahre und Gute. She was born that way.

Die Wände im Flur hängen voller Familienfotos – Lucys Mutter Joan marschiert mit Martin Luther King, protestiert 1973 mit all ihren sieben Kindern für Frauenrechte in Washington, sitzt angekettet am Zaun des Three Mile Island-Atomkraftwerks. Dazwischen hängen Plakate von DANCE-NOISE, dem transgressiven post-punk Performance Art

Duo, das Lucy 1983 mit Anne Iobst gründete. 2015 hat ihr das Whitney Museum sogar eine mehrwöchige Retrospektive gewidmet. Ihre bahnbrechende Arbeit war schon immer eine eigenartige Mischung aus Tanz, Happening, Feminismus und Showbiz. Am Ende waren die beiden Performerinnen nur noch mit High Heels bekleidet, mit fake blood und Glitzer übergossen und tanzten zu Classical Broadway Showtunes oder Heavy Metal, während Gaststars wie Steve Buscemi, die Drag Queen Hapi Phace oder ich, riesige Transparente mit dem Motto von ACT UP hochhielten, der Gruppe, die seit den 80ern mit zahlreichen politischen Aktionen gegen die AIDS-Krise kämpfte: SILENCE = DEATH.

Ihre aktuelle Show war eine Woche nach der Wahl herausgekommen und endete mit dem Bild einer Horde nackter Frauen, die auf ihren Rücken das Wort NO! geschrieben hatten. Davor ein Transparent mit der Parole: THE GREAT WORK BEGINS. Es wird jede Menge Arbeit brauchen, um gegen diese Regierung zu kämpfen. Ein zweites Transparent lautete: THE TIME IS NOW.

LOVE TRAIN

Seit dem Tod ihrer Mutter ist Lucy noch engagierter, als hätte sie Joans Verpflichtung und Hingabe geerbt. Annabel schien das Gen auch in sich zu haben. Sie erzählte mir von ihren Lieblingsschildern, die sie auf dem *Womens March* in

Washington gesehen hatte, wo sie mit ihrer Mutter, ihrer Tante und ihren Cousinen protestiert hatte.

GRAB AMERICA BACK, THINK BEFORE YOU TWEET oder ihr eigenes Schild GIRLS JUST WANNA HAVE FUN-DAMEN-TAL RIGHTS. Wir schnappten uns die Filzstifte und fingen an.

Ich hätte nie gedacht, dass ich als Amerikanerin irgendwann einmal in New York City für Pressefreiheit demonstrieren müsste. Die Pressefreiheit ist im 1. Zusatzartikel zur Verfassung der Vereinigten Staaten garantiert: *Congress shall make no law prohibiting the freedom of the press.*

Sie ist die Grundlage unserer Nation und seit 1948 von der UNO als Menschenrecht definiert. Aber am 17. Februar nannte der Präsident die News Media »the enemy of the American people« – in einem Tweet aus Mar-a-Lago.

Das war noch schlimmer als Nixon 1972. Damals mussten wir monatelang auf die Freigabe von heimlich gemachten Tonaufnahmen aus dem White House warten, um die machtgeilen Verwirrungen des Präsidenten mit eigenen Ohren zu hören. Jetzt erhielten wir sie live per Twitter.

Lucy schrieb: DEFEND THE CONSTITUTION!

DON'T BE RULED BY PUTIN!

Ich wollte meine Solidarität für Journalisten zeigen und schrieb: KEEP REPORTING! Annabel wählte das Poster, das der Sonntagsausgabe der *Times* beilag:

TRUTH.

IT'S MORE IMPORTANT NOW THAN EVER. Erschütternd,

dass im Jahr 2017 in den USA die Bedeutung der Wahrheit verteidigt werden muss. Ich nahm mein Schild, meine *Sunday Times* und meine Wut und gemeinsam fuhren wir zur 41st Street, dem Hauptsitz der *New York Times*.

In der Subway Richtung Midtown trafen wir auf viele andere Mitstreiter: Studenten in Sturmmasken, Familien mit Babywagen (handgeschriebene Schilder mit Regenbögen und Sonnen: KINDERGARTENERS AGAINST TRUMP), Rentner, stinknormale Amerikaner. Wir sprachen miteinander, in meinem Kopf lief der O'Jays-Klassiker *Love Train*. Was für ein Sammelsurium von Ex-Hippies, Feministen, Anti-Vietnam Protesters, AIDS-Aktivisten, The-Black-Lives-Matter-Bewegung!

Soviel gesammelte Erfahrung mit civil disobedience, dem zivilen Ungehorsam, der schon 1849 von Henry David Thoreau propagierten Form des Widerstands und ein wichtiger Teil unserer Demokratie. Wenn diese Regierung etwas Positives bewirkt, dann ist es dieser Zusammenhalt und das neuerliche politische Engagement. Früher hätte ich mich mit meinen Freunden fürs Kino verabredet, jetzt gingen wir zusammen auf die Straße. Ein alter Mann, Anfang 80, mit krummem Rücken und Stock, trug ein Schild mit dem verzweifelten Satz:

I CAN'T BELIEVE I STILL HAVE TO PROTEST THIS FUCKING SHIT.

ROSA LUXEMBURG GOES AMERIKA

Alles war friedlich und gut organisiert. Ungefähr achthundert Menschen standen vor dem *NY Times*-Gebäude, später würden wir zum *NBC News* Headquarter am Rockefeller Center marschieren, und auch zu *Fox News*.

Lucy hatte rotes Gaffer-Tape dabei und schlug vor, unsere Münder mit einem Klebeband-Kreuz zuzukleben. Ich stand zwischen Lucy und Annabel, hörte die anderen Protestler:

»What do we want?

FREE PRESS!

When do we want it?

NOW!«, rufen, und musste lachen, als ich ein Schild sah, das so nur in New York zu finden ist: JEWS AGAINST TRUMP – OI! NOT AGAIN!!!!

Drei Stunden später spürte ich vor Kälte meine Füße nicht mehr, Annabel hatte eine Tanzprobe, und Lucy musste einen Kindergeburtstag für ihre Nichte organisieren. Wir verabredeten uns für den nächsten Tag. Ich ging zum Times Square. Ich hatte am Same-Day-Cancellation-Ticket-Schalter eine bezahlbare Karte für *Dear Evan Hansen* ergattert, ein Musical über Facebook, Entfremdung und Teenager-Selbstmord. So ein Musical habe ich in Deutschland noch nie gesehen, keine tanzende Girlreihe, keine sterbende Prinzessin. Das war weit weg von Andrew Lloyd Webber oder Disney – energetische, moderne Musik, fantastisches Schauspiel, ernsthafte Themen. Mehr Schauspielhaus Bochum als Operettenhaus Reeperbahn und der perfekte Ausklang meines Aktivistinnentages – schlagkräftig, intelligent und uplifting.

Am nächsten Morgen bekam ich eine E-Mail von Lucy mit dem Betreff: making your mark – Spuren hinterlassen. Auf *Fortune.com*, der Bibel aller Kapitalisten, stand ein Foto von uns beiden, Münder zugeklebt, unsere Schilder hocherhoben in der kalten New Yorker Wintersonne. Ich sehe sehr ernst aus, konzentriert und verfroren – Rosa Luxemburg goes Amerika.

Ein paar Stunden später schickte mein Freund Martin eine SMS aus London. Wir waren auf dem Titelblatt der Londoner Zeitung *Independent*. Die modernen Medien hatten unseren Protest in kürzester Zeit in die ganze Welt hinausgeschickt. Ich blickte aus dem Fenster, spielte Alicia Keys und Jay Z singing *Empire State of Mind* ganz laut auf meinem Computer und winkte der Freiheitsstatue zu:

»*These streets will make you feel brand new*
Big lights will inspire you
Let's hear it for New York, New York, New York ...«

Nach meinen Tagen in den USA fühlte ich mich nicht unbedingt wie neu, aber inspiriert, und konnte mit gutem Gewissen zurück nach Deutschland fliegen. Einen letzten coffee und bagel mit Lucy, und es war Zeit, zum Flughafen zu fahren, nach Berlin, meinem Zuhause.

★ ★

7. MY NACHT MIT FLORIAN SILBEREISEN

Es schneite. Große dicke Flocken glitzernd-weißen Bühnenschnees schossen lautlos aus einer großen Schneekanone in der Mehrzweckhalle in Suhl. Nicht ganz so leise rieselte der Schnee auf mein elegantes rotes Kleid, in mein Dekolleté, fiel auf meine falschen Wimpern, landete auf meiner Zunge. Ich war zum vierten Mal zu Gast bei Florian Silbereisen und seinem *Adventsfest der 100 000 Lichter*, der großen Samstagabendshow, live in der ARD um 20:15 Uhr. Ich versuchte charmant und fröhlich in die Kamera zu gucken, um die sieben Millionen Zuschauer vor ihren Fernsehern in the Holiday Spirit zu bringen, aber ich konnte kaum die Kamera erkennen. Der Boden war mit weißer Pracht bedeckt, und ich schlidderte auf meinen Lack-Stilettos wie Kati Witt on Ice bei einem Schwächeanfall. Ich war mitten in einem fröhlichen Medley amerikanischer Christmas-Hits – *Frosty the Snowman, Sleigh Ride* – gemeinsam gesungen mit Florian himself – auf Deutsch! –, als ich plötzlich etwas Merkwürdiges in meinem Kreuz spürte. Mein Mikroport, der zigarettenschachtelgroße Akku meines Gesangmikrofons, war unter meinem BH-Verschluss versteckt, aber er hatte sich gelöst und schlitterte über meinen

Popo Richtung Boden. In diesem Moment dachte ich nicht zum ersten Mal in meiner Karriere: The Glamour never stops.

Falls ich irgendwie heil durch diese Nummer komme, wird das einmal eine witzige Anekdote sein. Das Problem ist, wenn ich diese Geschichte in meiner Show erzähle, wird mir niemand glauben. Mein Publikum wird denken, dass ich mir das als Verarschung der Volksmusik oder als pointierten Kommentar über Populismus in Deutschland ausgedacht habe. Aber es ist einfach nur wahr und wirklich erlebt! Auch meine amerikanischen Freunde würden denken, dass ich spinne. Nicht, weil mir unprofessionellerweise mein Mikroport verrutschte – sie können sich keine dreieinhalbstündige Livemusik-Sendung mit Orchester, Kinderchor und einem Lederhosen tragenden, Akkordeon spielenden Showmaster vorstellen, der zusammen mit mir *Frosty, der Schneemann* singt, während uns vier kräftige Bühnentechniker in einem Schlitten über die Bühne ziehen. So etwas gibt es in the Heimat nicht.

In den 1970er-Jahren gab es im US-Fernsehen jede Menge Variety Shows. Stars wie Tom Jones, Sonny & Cher, The Carpenters oder Johnny Cash moderierten sechzigminütige Unterhaltung pur, mit Musik, Sketch Comedy, Tanztruppen und Gaststars wie Diana Ross oder Elton John. Als pummeliger Teenager saß ich in unserem Wohnzimmer in Brockton vor dem Fernseher und schaute andächtig zu. Ich studierte Tom Jones' Lässigkeit und Timing, Diana Ross' Präzision und Leichtigkeit, sehnte mich nach jeder Paillette auf Chers Bob Mackie-Bühnenkleidern, staunte über ihre musikalische Begabung und Professionalität. They were the Champions League of Entertainers und ich wollte unbedingt mitspielen! Anfang der 80er war The Golden Age of Variety Shows leider vorbei. Die Produktionskosten waren zu hoch, das Publikum wollte etwas Neues und Moderneres – *Saturday Night Live, David Letterman, MTV.*

Wer konnte ahnen, dass ich 40 Jahre später Gaststar in einer Variety Show werden würde – einer Schlagersendung in Suhl? Als Amerikanerin ist die Schlagermusik für mich fremd und schwer zu begreifen – nicht nur die nahezu unverständlichen Songtexte, sondern auch the Styling, the neverending Fröhlichkeit, das Pathos und die schockierende Wichtigkeit des Mitklatschens – entweder mit marschmusikalischer Exaktheit auf der 1, 2, 3 und 4 oder – ganz schlimm – auf der 1 und der 3. Das geht gegen unsere amerikanische Natur und klingt in unseren Ohren und Seelen total falsch. Amerikaner klatschen von Natur aus auf den funky Offbeat, die 2 und die 4, weil wir mit Swing, Gospel und Soul groß geworden sind. Wir haben den Offbeat mit der Muttermilch aufgesaugt. Außerdem sind wir eine multikulturelle Nation und – seien wir ehrlich – Schlager ist very weiß. Selbst Roberto Blancos Nachname ist white. Den funky Offbeat gibt es hier einfach nicht.

Aber irgendetwas schlägt richtig: Zur Zeit gibt es einen riesigen Schlagerboom in Deutschland. Laut einer Umfrage der *FAZ* lieben 59 % aller Deutschen Schlager.

Als ich zum ersten Mal das Hotel im Congress Centrum Suhl betrat, erlebte ich diese Leidenschaft live. Das Foyer war voll mit Autogrammjägern. Aufgeregte, hyperenthusiastische Menschen lungerten in freudiger Erwartung ihrer Stars an der Eingangstür herum. Sie waren allein oder in kleinen Gruppen, Mütter mit ihren Töchtern oder mit der ganzen Familie. Ich habe viele Omas gesehen. Manche hatten sogar Zimmer im gleichen Hotel gemietet, in dem auch der gesamte Cast, die Crew und das Produktionsteam logierten. Die Fans waren höflich und freundlich und extrem gut organisiert. Sie schleppten riesige Alben voller sorgfältig aus dem Internet downgeloadeter und in Plastikhüllen gesteckter Fotos mit dem Konterfei jedes auftretenden Stars mit sich herum! Ich weiß nicht, wo sie die Infos herhatten, noch nicht einmal ich wusste bis zu diesem Zeitpunkt, wer alles dabei war. Nur ab und zu wurde es ein wenig hysterisch: »Nur mit *diesem* blauen Stift unterschreiben! Ich brauche neun Fotos mit drei verschiedenen Motiven!«. Schon vor der ersten Probe war ich 100 Autogrammkarten los. Es ist eine lebendige Subkultur, mit Treffen und Tauschbörse: »Ich gebe drei Linda Hesse für eine Ute Freudenberg!« Ich war gerührt von dem Respekt und der Kameraderie dieser Menschen und hatte das Gefühl, dass wir alle Teil von etwas Größerem waren, eine Gewerkschaft, eine Familie, ein Planet.

Die Welt der deutschen Schlagermusik ist ein magischer Ort zwischen Wiesen, immer blauem Himmel und Kornfeldern, an dem Florian Silbereisen als Kronprinz regiert. Heino wohnt dort, und Roland Kaiser, Andrea Berg und Michelle, Andreas Gabalier und Beatrice Egli. Helene Fischer ist die Königin, blond, bescheiden und Segen bringend, eine Mischung aus Prinzessin Diana und Olivia Newton-John. Im non-stop 4/4-Takt liegt Musik in einer Gefühlsspannweite von romantisch-sehnsüchtig bis ausgelassen-fröhlich in der Luft. Die Texte sind konsequent deutsch, etwas sentimental, mit viel Heimatgefühl und der Zuversicht, dass DU wunderbar bist. Schlager sind voller Wunder und Sonnenschein, Tränen und Träume und der Bestätigung, dass diese Nacht jede Sünde wert ist.

Meine erste ernsthafte Begegnung mit dem deutschen Schlager hatte ich 2005 in Binz auf Rügen, wo ich auf die zweite Silvesterparty des Arkona-Hotels eingeladen worden war. Eine ausgelassene Veranstaltung Mitte Januar, die Möglichkeit für alle Hotelangestellten und Einheimischen, die selbst an Silvester arbeiten mussten, zusammenzukommen und das neue Jahr zu begrüßen. Musikalisch wird die Feier »bis ins Morgengrauen von Live-Musik und Disco begleitet«. Ich war perplex, als kurz nach 2 Uhr meine Tischnachbarinnen gleichzeitig aufsprangen und gemeinsam mit allen anderen Frauen im Saal die Tanzfläche stürmten. Lauthals und aus voller Kehle sangen alle das Lied *Du hast mich tausendmal belogen*:

»Du hast mich tausendmal belogen
Du hast mich tausendmal verletzt
Ich bin mit Dir so hoch geflogen
Doch der Himmel war besetzt

Du warst der Wind in meinen Flügeln
Hab' so oft mit dir gelacht
Ich würd' es wieder tun mit dir
Heute Nacht«

Lauter gutbürgerliche Rüganerinnen – die Hoteldirektorin! die Ehefrau des Bürgermeisters! – zelebrierten das Fremdgehen und sahen mich mit kollektiv-enttäuschter Verachtung an, als ich nach der Sängerin dieses für mich unbekannten Werkes fragte: »Das ist ANDREA BERG!!!«

Zurück nach Downtown Suhl: Was hatte ich als non-native-Speaker, nichtsahnende, non-Schlager-singing Performerin bei Florian Silbereisen zu suchen? Als sein Management 2013 anrief und mir einen Auftritt in seiner jährlichen Weihnachts-Extravaganza anbot, fühlte ich mich geschmeichelt. Sie wollten die Sendung mit ein bisschen Comedy auflockern, und mein Außenseiterblick würde genau dazu passen.

Ich liebe Weihnachten! Ich habe mehrere Weihnachtsshows in Deutschland gemacht. Die Unterschiede zwischen deutscher und amerikanischer Weihnacht sind offensichtlich

(»We have rotnasige Rentiere, you have rotnasige Rentner«). Ich habe ein Weihnachtsbuch, eine Weihnachts-CD
und eine Weihnachts-DVD veröffentlicht und war zweimal
die Moderatorin der Weihnachtsrevue im Berliner Fried-
richstadtpalast. Christmas ist mein Ding, so why not feier
it in Primetime TV? So etwas hatte ich noch nie gemacht.

Ich traf Florian zum ersten Mal an einem dunklen Novem-
bernachmittag in einem kleinen Tonstudio in Marzahn. Eigentlich war es nur ein umgebautes Wohnzimmer in einem
Einfamilienhaus mit Garten. Wir sollten unser Duett *Mary's
Boychild* von Boney M. aufnehmen. Ich kannte das Lied
nicht, Boney M.'s Disco-Remix von Mahalia Jacksons Spiri-
tual ist nicht unbedingt Bestandteil des Great American
Songbook also war ich etwas nervös. Ich wurde freundlich
von Paul empfangen, dem musikalischen Leiter der Show,
einem alten Hasen mit jahrelanger Erfahrung und absolu-
tem Gehör. Er bot mir eine Tasse Kaffee und Weihnachtsge-
bäck an und nahm mich mit ins Studio, wo Florian war
schon laying down his Vocaltrack. Ich möchte hier keine
Illusionen zerstören, aber nichts on the big Samstagabendshow wird live gesungen, alles ist Vollplayback. Man nimmt
die Musik vorher auf und tut so, als ob. Was manchmal
recht merkwürdig ist, wenn 100 Orchestermusiker ihre In-
strumente bedienen, als ob sie wirklich musizieren würden.
Es reduziert den technischen Aufwand am Sendetag und
stört das Publikum anscheinend nicht. Alles klingt wie es
klingen soll: perfekt.

Florian hat solche Aufnahmen schon geschätzte 9 Millionen Mal gemacht, mit hunderten Duett-Partnern von Nana Mouskouri bis Roger Whittaker. Wir hatten uns noch nicht kennengelernt. Ich fühlte mich wie eine Kandidatin bei »Herzblatt«, kribbelig, hinter einem Paravent versteckt, bevor sie ihr Date trifft. Ich hatte, ehrlich gesagt, nicht sehr viel erwartet – einen gelangweilten, routinierten Vollprofi oder einen verlogenen Slimeball, arrogant und zugekokst. Vielleicht bin ich mittlerweile zu deutsch geworden, jedenfalls hatte ich nicht gedacht, dass jemand, der so viel Heiterkeit im deutschen Fernsehen verbreitet, echt sein könne. Aber als Florian mich aus der Tonkabine anlächelte und mir herzlich zuwinkte, wirkte er so locker, dass ich ihn sofort mochte. Ich war ausgesprochen erleichtert, da wir die nächsten zwei Stunden zusammen in einer vier Quadratmeter großen Tonkabine verbringen mussten.

Wir sangen unsere Aufnahme ziemlich schnell ein, denn die Chemie stimmte. Paul half mir, meine Schlagerstimme zu finden (mehr Zweitsopran als meine normale Alt-Stimme, ein bisschen weichgespült und weihnachtlich) und ich half Florian bei der englischen Aussprache von Boney M.'s Songtext:

»Long time ago in Bethlehem, so the Holy Bible said« ist nicht leicht für Deutsche – all those th's und s's in einem Satz!

»Ich hoffe, dass das Publikum mich versteht«, sagte Florian mit einem leicht bayerischen Akzent. »Welcome to my Welt«, antwortete ich.

Ein merkwürdiger Teil meines Jobs sind die impulsive Intimität und Nähe mit völlig fremden Kolleginnen und Kollegen. Die Zusammenarbeit ist kurzzeitig so intensiv, dass das Adrenalin wie in einem Rausch ausgeschüttet wird, bis dann blitzschnell alles wieder vorbei ist und man sich wahrscheinlich nie wiedersieht. It's Wham-Bam-Thank-You-Ma'am! Und Tschüss! So war es auch bei meinem ersten *Adventsfest der 100 000 Lichter* in Suhl.

Der Backstage-Bereich des Congress Centrums wirkte wie das Innere eines Bienenstocks: Techniker schoben Kamerakräne Richtung Bühne, Kostümbildnerinnen schleppten Glitzer-Schneemann-Outfits durch den Cateringbereich, wo Kabelträger um 11 Uhr morgens schon ihr viertes Mettbrötchen verputzten. Nervöse Agenten, verwachsen mit ihren iPhones, rannten hin und her, die Eltern der Lübecker Knabenkantorei versuchten, ihre Jungs einzufangen, während Mitglieder des Chinesischen Nationalcirkus in jeder freien Ecke in unnatürlichen Positionen auf dem Boden lagen. Der Duft von frisch gebrühtem Kaffee und Gulasch schwebte in der Luft, aufgeladen mit Spannung und Nervosität.

Während ich wartete, flüsterte mein Manager mir zu, welche Prominenten schon eingetroffen waren. Um mich herum saßen viele Superstars der Szene, die ich gar nicht erkannt hatte. Ich habe mal in New York auf einer Party mit Mick Jagger getanzt, ohne es zu registrieren. Erst an der Reaktion meiner Freundinnen am Rande der Tanzfläche merkte ich, dass ich gerade etwas verpasst hatte, obwohl ich direkt dabei war.

Hier plauderte die wunderbare Marianne Sägebrecht mit Marianne & Michael, Hardy Krüger, Jr. unterhielt sich mit Gewichtheber Matthias Steiner, Nicole machte Selfies mit dem Deutschen Fernsehballett, Kati Witt war da und das Ensemble von *Riverdance*! Das war Schlagerpalooza – ein dreitägiges Happening mit bombastischer Besetzung.

Ich trat zwischen Andrea Berg und dem Don-Kosaken-Chor auf. Die Proben waren effizient, schnell und intensiv. Weil die Show so lang ist und man selbst nur 10 Minuten vor der Kamera steht, bemerkt man kaum, wann die Show anfängt. Stellprobe, Kameraprobe, Kameraprobe in Kostüm, Generalprobe vor Live-Publikum, Korrektur mit Applausordnung, Live-Übertragung. Es ging wie im Flug vorbei, 72 Stunden ohne Zeit zum Atmen.

Alles klappte. Ich stolperte nicht und verpasste keinen Kameraeinsatz. *Mary's Boychild* brachte so viel Stimmung in die Bude, dass der Produzent das Gesangsplayback spontan noch einmal einspielte. Alle waren glücklich. Bei der Aftershowparty in der Kegelbahn im Keller des Congress Centrums traf ich Florian allein an der Bar. Er bedankte sich, drückte mir einen großen Gin Tonic in die Hand und prostete mir zu: »Auf uns!«. Ich war hin und weg.

Ich freute mich, etwas Neues entdeckt und geschafft zu haben. Auf der Bühne hatte ich mich gefühlt wie das kleine Mädchen, das voller Enthusiasmus im Keller unseres Hauses »TV-Show« gespielt hatte. Neugierig sog ich diese ganze sehr reale Kunststoff-Glitzerwelt in mich auf. Ich musste nicht wie alle anderen meine neue Single oder Tournee verkaufen. Ich hatte einfach nur irren Spaß.

Im Aftershow-Rausch schrieb ich noch im Hotelzimmer eine Lobeshymne an meinen Gastgeber und Duettpartner, einen augenzwinkernden Tribut im 4/4-Takt.

MY NACHT MIT FLORIAN SILBEREISEN

The night was dark, der Himmel schwarz
Doch Sterne glänzten sehr
Ich stand da kalt und so allein
Nobody else was there
Ich wartete auf 'nen Karrieresprung
Yes I want to be a Star
Wie eine Wunderkerze war er plötzlich da

My Nacht mit Florian Silbereisen
Glaub mir, es ist wahr
My Nacht mit Florian Silbereisen
Wirklich wunderbar
20:15 ARD our erstes Rendezvous

Just Florian, die Familie, me and you!

Er kam zu mir mit Akkordeon
And he took me by the Hand
To Österreich und in die Schweiz
Und auch durch ganz Deutschland
Zwischen bunten Lichtern,
Andrea Berg und der Don Kosaken Chor
Nach meinem ersten Mal
Baby all I want is more!

Du kommst aus Südtirol, high upon a peak
Kannst Du verstehen this Sprache that I speak?
Das Glück, das uns verbindet, ja doch, klar, ist die Musik!

My Nacht mit Florian Silbereisen
Viel zu schnell vorbei
My Nacht mit Florian Silbereisen
Let's give it one more try
Glanz und Glitzer, live TV
An American Dream come true
Just Florian, his Akkordeon, me and you!
Just Florian, his Akkordeon, me and you!
Jawoll!

Als Dankeschön mailte ich den Text an den Produzenten und bat ihn, ihn an Florian weiterzuleiten. Ich war baff, als der Sender fragte, ob ich dieses Lied nicht als Überraschungsgast für Florian in der März-Ausgabe in Magdeburg singen könne. Ich zögerte nicht einen (falschen) Wimpernschlag. Ich hatte Blut geleckt. Hallo, Deutschland, Servus Österreich, Grüezi Schweiz! Florians Show ist überall im deutschsprachigen Raum zu sehen – this could be my internationaler Durchbruch!

Nach meinem Auftritt in der Weihnachtsshow hatte ich den Trick der Showprofis übernommen und signierte schon auf der Hinfahrt hunderte Autogrammkarten. Am Bühneneingang der *GETEC* Arena (»die größte Merzweckhalle Sachsens«) waren die fast festgefrorenen Autogrammjäger eher unbeeindruckt. Ich war nur auf Besuch im Schlagerland, wie Alice, die mehr oder weniger aus Versehen ins Wunderland gerutscht war. In der Programmankündigung lief ich unter »und viele andere«. Die meisten kannten mich nicht, und erst als sie mein »Access all Areas«-Umhängeband sahen, rissen sie mir die Autogrammkarten aus der Hand. Es war wie bei der *Grünen Woche*, wo man einfach alles mitnimmt, was man kriegen kann, von Stoffbeuteln bis Mousepads in Auberginen-Form – schließlich ist es kostenlos.

Das zweite Mal fühlte sich anders an. Ich war der letzte Gast der Show und kam erst kurz vor Schluss auf die Hinterbühne. Es sollte wirklich eine Überraschung für Florian sein. Ich hielt mich kurz in einem muffigen Lagerraum für Handball-Equipment auf, denn die Mehrzweckhalle ist hauptsächlich eine Sportarena. Zwischen Tornetzen, Maskottchenkostüm und einem immerhin sehr netten Blumenstrauß begrüßte mich Caroline Reiber, die pensionierte Volksmusikmoderatorenlegende, die mich ansagen würde: »Machen Sie sich keine Sorgen, ich habe mich im Internet über Sie informiert«, sagte sie zu mir, als sie meine Hand drückte. Ein Techniker brachte mich auf Position und während sich die zweiteilige Showtür öffnete, sagte Caroline Reiber: »Begrüßen Sie mit einem großen Überraschungsapplaus: Gayle TAFFEL!«

Als ich auf der Aftershow-Party neben Florians Mutter platziert wurde, sagte sie zu mir: »Ich verstehe deine Songtexte überhaupt nicht, aber du bist lustig!« Ich realisierte, dass Florian und ich viel gemeinsam haben. Wir kommen beide aus Arbeiterfamilien und sind beide Streber, er nur in viel engeren Hosen.

Florian Silbereisen ist ein Arbeitstier. Er ist fünfunddreißig Jahre alt und arbeitet seit fünfundzwanzig Jahren im Showbiz. Er moderiert seine dreieinhalbstündige Live-Sendung ohne Teleprompter und singt dazu – allein und mit Gästen – tanzt, spielt Akkordeon und produziert ununterbrochen gute Laune. Selbst hinter der Bühne habe ich ihn nie laut erlebt. Er macht immer wieder merkwürdige Stunts – wird aus einer Kanone geschossen, fährt auf einem Motorrad durch brennende Reifen, geht barfuß über Feuer. Warum muss er das alles machen? Ist es ein aggressiver Männlichkeitsbeweis in dieser allzu heilen Welt?

Als ich ein Youtube-Video von einem süßen, pummeligen 15-jährigen bayerischen Bub sah, singing »Mein allerbester Freund ist die Ziehharmonika« vor einem wirklich unaufmerksamen Studiopublikum, habe ich verstanden, dass Florian ein Seelenverwandter ist. Auch er ist stets auf der Suche nach Selbstoptimierung, nach Herausforderungen, auch er ist nie zufrieden.

Aber he has it all! Eine Samstagabendfernsehshow, ausverkaufte Tourneen, ein Haus auf Mallorca und Germany's Ultimate Girlfriend.

An einem frühen Morgen im Januar 2015, nach einem sehr langen Auftritt für die Deutsche Süßwarenindustrie auf einer Gala in München, stand ich im Bus, der auf dem Rollfeld Richtung Flugzeug fuhr. Mein morgendlicher Dämmerzustand wurde durch eine plötzliche Unruhe um mich herum unterbrochen. Jeder zückte sein Handy, um zu simsen oder möglichst unauffällig Fotos zu machen. Als ich aufschaute, sah ich eine zierliche blonde Frau mit Rollkoffer neben der Tür stehen. Sie tippte gelassen in ihr Handy. Als sie für einen Moment hochsah, fing sie an zu lächeln, kam auf mich zu, umarmte mich und sagte »Guten Morgen Gayle! Fliegst du auch zum Fest?« Helene hugged me! Helene Fischer – die erfolgreichste Entertainerin Europas! Drei Jahre an der Spitze der deutschen Charts, über 10 Millionen verkaufte Tonträger, 16 Echos, 7 Goldene Hennen. Eine eigene Modekollektion bei Tchibo! Sie musste nicht nett zu mir sein!

Ich schlich um zwei Mitreisende herum und versuchte,

Helene irgendwie abzuschirmen. Es war 8 Uhr morgens, und obwohl sie umwerfend aussah, finde ich, dass keine Frau um diese Zeit fotografiert werden sollte, besonders nicht bei Flughafenbus-Beleuchtung. Sie war unterwegs zum Auftritt bei »Das große Fest der Besten«, Florians Schlagershow in der Max-Schmeling-Halle in Berlin und fragte, ob ich zuschauen wollte. »Gerne!«, antwortete ich, auf dem Weg zu meinem Sitzplatz in Economy. Wenn die Königin einlädt, sagt man nicht nein.

Vor der seit Wochen ausverkauften Halle standen die Fans Schlange in der Hoffnung auf eine Restkarte oder zumindest einen Blick auf die Schlager-Queen. Ein freundlicher Assistent erwartete uns, was ich ein wenig übertrieben fand. Die Plätze würde ich schon selber finden. Er führte uns in den Innenbereich, vorbei an den Seitenplätzen Richtung erste Reihe, auf extra markierte Sitze direkt vor der Hauptbühne. Ein Kameramann kam zu mir, begrüßte mich, und der Assistent sagte: »Mach einfach bei allem mit«. Oh. My. God! Ich dachte, ich würde im Produktionsbüro die Show auf Monitoren ansehen. Mein Outfit was all wrong! Ich hatte nicht mal falsche Wimpern angeklebt.

Nach über zwei Stunden – mittlerweile war ich häufiger im Bild gewesen als bei allen meinen bisherigen Auftritten zusammen – baute sich neben mir eine Gruppe praller Cheerleader auf, um in einer großen Polonaise minutenlang zum neuen Hit von DJ Ötzi kreuz und quer durch den gesamten

Innenraum zu ziehen, während 10 000 Fans frenetisch jubelten und gar nicht genug bekommen konnten.

Die kecke Chefcheerleaderin packte meinen Bremer, der mich freundlicherweise begleitete, legte seine Hände auf ihr glitzerndes Bustier und sagte: »Immer hinterher.« Er erzählte mir danach, dass dies der absurdeste Moment seines bisherigen Lebens gewesen sei. DJ Ötzi sang sich die Seele aus dem Leib, die Conga-Line wurde immer länger, die Cheerleaderin immer verschwitzter und ihm blieb nichts anderes übrig, als in die Kamera zu lächeln.

Es gibt einige deutsche Begriffe, die wir auch im Englischen benutzen, weil wir kein eigenes Wort dafür haben. Für unsere Ohren klingen sie sehr einleuchtend: Schadenfreude zum Beispiel oder Blitzkrieg. Was die Schlagershow in der Max-Schmeling-Halle betrifft, würde ich Fremdschämen hinzufügen. Auf Englisch heißt es: »to feel embarrassed for somebody else«, aber das ist klobig und dauert viel zu lang. »Ich habe mich fremdgeschämt« ist der perfekte Ausdruck für das, was ich empfand, als ich eine Wiederholung von »Das große Fest der Besten« im MDR gesehen habe.

Ich habe bis heute keine Florian-Silbereisen-Show komplett vom Anfang bis zum Ende im Fernsehen anschauen können. In Amerika würden wir es »really really cheesy« nennen, schnulzig, kitschig und mit mehr Schmalz als in einer bayerischen Metzgerei. Die Shows sind außerdem wirklich lang.

Was mich an die ersten Karnevalssitzungen erinnert, die ich im deutschen Fernsehen gesehen habe: so bunt, dumpf und bekloppt, dass ich mich fragte, ob jemand etwas in meine Schorle gekippt hatte, LSD oder Magic Mushrooms.

Keiner meiner deutschen Freunde würde mich bei Florian anschauen, weil sie sich fremdschämen würden – ein Gefühl, das ihnen unangenehm ist. Sie sind kultiviert und intellektuell und gucken solche Sendungen nicht, obwohl sie begeistert wären, wenn genau dieselbe Show eine 7-stündige Marathonvorstellung in der Berliner Volksbühne wäre. Mein Freund Mike, ein Performance-Artist und Schauspieler aus New York schickte mir neulich eine WhatsApp: »Just saw you on Youtube! German Xmas! Big Show! Das ist Kunst, Baby!« So gesehen bin ich die Marina Abramovic des Mitteldeutschen Rundfunks.

In diesem Kontext war mein Auftritt in Suhl Performance Art vom Feinsten: Eine Live-Übertragung vor sieben Millionen Zuschauern, wobei ich zu schwitzen begann, als mein Mikroport immer tiefer rutschte. Sollte das Kabel des Mikros abreißen, würde das anschließende Live-Gespräch wie ein Einstürzende Neubauten-Konzert klingen.

Aus dem Augenwinkel sah ich Andreas Gabalier, einen Macho-Österreicher in kurzen Lederhosen mit rasiertem Undercut-Haarschnitt, der sich im Takt wiegte, als er das Wort »Heimat« wieder und wieder tonlos und überdeutlich artikulierte.

Es hätte mich nicht überrascht, wenn Joseph Beuys mit einem Schlitten voller Fett über die Bühne gefahren wäre, oder Yoko Ono *Eine Muh, eine Mäh* geträllert hätte. Stattdessen stand ich beim großen Finale zwischen André Rieu und Mario Adorf. Wir sangen lauthals *Feliz Navidad*, Goldene Sterne schossen aus der Schneekanone und das Publikum klatschte mit, Tränen in den Augen, auf der 1 und der 3.

Nach der Aftershow-Party auf dem Weg ins Hotelzimmer, war ich erschöpft, aber glücklich, Weißweinschorle in der einen und meine High Heels in der anderen Hand. Hinter mir hörte ich einen Mann leise *Lady in Red* singen. Ich drehte mich um, und es war Chris de Burgh, der mich voller Freude anstrahlte.

Oder vielleicht hatte jemand doch etwas in meine Schorle gekippt.

★ ★ ★ ★ ★ ★ ★ ★ ★ ★ ★ ★

8. WE CAN BE HEROES

In unserer unübersichtlichen und oftmals unverständlichen Welt brauchen wir all the Superkräfte we can get. Überall in der realen Welt gibt es echte Superhelden. Hier eine kleine Liste meiner Helden und Heldinnen, meiner Vorbilder und Vorbilderinnen, my Kraftquellen.

HELDEN

★ *David Bowie*
Ursprünglicher Grund, warum ich (wie tausende andere Fans) nach Berlin gekommen bin. Hat auch einmal in Schöneberg gewohnt. Seine Berlin-Trilogie *Low-Heroes-Lodger* sollte auf einem eigenen Berliner Radiosender ununterbrochen gespielt werden. Genie, Vorreiter, Best Performer of All Time. (Siehe auch: Iggy Pop, Lou Reed)

★ *Barack Obama*
Kann er nicht zurückkommen? Sofort? Bitte?

★ *Klaus Wowereit*
Regierender Bürgermeister von Berlin. Kid from the Kiez. Schwul, und gut so. Wunderbarer Tanzpartner.

★ *Jürgen Klopp*
Der Grund, warum ich Fußball liebe. Sexiest Man Alive. Die Haare! Die Brille! Die Wutausbrüche! Und jetzt spricht er auch noch Englisch! Unwiderstehlich!

★ *James Taylor*
Schon mit 10 war ich verknallt in sein Foto auf der Innenseite der *Sweet Baby James*-Platte. Seine langen, glatten Haare! Diese Stimme! Diese Lieder! (Siehe auch: alle Musiker I was ever in love with)

★ *F. Dion Davis*
Wegbeleiter, Publikumsliebling, beloved friend. Von Washington D. C. bis zum *Theater des Westens*, von meiner Show *Soul Sensation* bis zu *Everybody's Showgirl*. Tänzer, Sänger, Diva. Ein Riesentalent ist viel zu früh gegangen.

★ *Jon Stewart*
Sexiest Man Alive Teil 2. Intelligenz, Humor, outrage. Sechzehn Jahre lang präsentierte er in *The Daily Show* fast je-

den Abend die Absurditäten und wahren Wahrheiten der amerikanischen Politik und Medien. Leider ausgebrannt und in Frührente gegangen. Lebt jetzt zurückgezogen auf seiner Farm in New Jersey.

Come back Jon! Wir brauchen dich!

★ *Knut*
Eisbär Superstar.

★ *Tom Murrin*
The Alien Comic. Performer, Mentor, New Yorker Legende. Hat mit seiner monatlichen *Full Moon Show* die Downtown Performance-Szene geprägt wie kein anderer – eine Master Class in Timing, Präsenz, Aktivismus und Fun. Hippie, Schamane, Sweetheart. Sein Lächeln lit up the room.

★ *Professor James P. Carse*
Professor für Philosophie und Metaphysik an der NYU. Turned me on to Kant, Hegel und Nietzsche. »I am endlessly fascinated with the unknowability of what it means to be human, to exist at all ...« Jawoll!

HELDINNEN

★ *Bette Midler*
The Divine Miss M. Jüdisches Mädchen aus Hawaii, Ananas-
konservenfabrikfliessbandarbeiterin, Ex-Bühnenpartnerin
von Barry Manilow. Feierte gerade ihren 70. Geburtstag als
Hello Dolly on Broadway. Komisch, präzise, berührend.
    I learned it all from Bette.

★ *Malala Yousafzai*
19 Jahre alt. Jüngste Preisträgerin in der Geschichte des
Nobelpreises. Shot in the face von den Taliban. Tapfere
Kämpferin für Bildung für Mädchen weltweit. Supergirl.

★ *Hillary Clinton*
Sollte mit einer großen Pina Colada in der Hand in der
Sonne liegen – for the rest of her life.

★ *Valeska Gert*
Exzentrische Ausdruckstänzerin, wilde Rebellin, Hexe. Die
Mutter aller Performancekünstler. Berlinerin. Überlebens-
künstlerin. Von den Nazis als »entartet« erklärt, Flucht
nach NYC und Provincetown, wo Tennessee Williams in
ihrem Kabarett kellnerte! Rückkehr 1947, Filmarbeit mit
Fellini und Fassbinder, starb 1978 in der Nähe ihrer Bar

Ziegenstall in Kampen auf Sylt. Ich spielte sie 1991 im Tanzfabrik-Berlin-Stück »Der Riss«.

★ *Samantha Bee*
Feministin, Komikerin, smartest girl on TV. Ihre wöchentliche TV-Show *Full Frontal* stellt die Trump-Regierung und all ihre Ungerechtigkeiten bloß. Das beste Mittel im Kampf gegen Hass und Idiotie.

★ *Caren Miosga*
Changing the face of deutsche Nachrichtenfrauen. Souverän, intelligent, stark. Nicht blond. (Siehe auch: Susanne Daubner, Linda Zervakis, Dunya Halali)

★ *Marianne Buggenhagen*
Im Rollstuhl sitzende Leichtathletin. Silbermedaille im Diskuswerfen bei den Paralympischen Spielen in Rio – mit 63. Zwei Schulen in Berlin tragen ihren Namen.
Wonder Woman!

★ *Miss Thomas*
My High School Drama Teacher.
Streng, anspruchsvoll und ein bisschen gemein. Dirigierte mit einem Megaphon 250 Schüler samt Football-

team. Castorf ist nichts dagegen. Hat mich unterstützt und herausgefordert.

★ *Pina Bausch*
Café Müller, Brooklyn Academy of Music, 1984. Zauberhaft. Life-Changing. Visionaire.

★ *Krankenschwester Petra*
Ich war nur einmal im Leben in einem deutschen Krankenhaus. Ich hatte einen dreifachen Bandscheibenvorfall im Nackenwirbelsäulenbereich – which was very anstrengend. Ich brauchte allein sechs Wochen just to learn how to say dreifacher Bandscheibenvorfall im Nackenwirbelsäulenbereich. Es war schmerzvoll und furchtbar, und ich konnte nicht schlafen. Bis Schwester Petra kam. Sie gab mir ein warmes Kirschkernkissen und hat meine Hand gehalten, bis ich eingeschlafen bin. Danke Schwester Petra, wherever you are! (siehe auch: alle Pflegerinnen und Pfleger, Krankenschwestern und Krankenbrüder)

★ *Uschi Disl*
Biathletin aus Bad Tölz. Olympische Goldmedaillen-Gewinnerin. Als sie auf einer Pressekonferenz vor internationalen Journalisten gefragt wurde, was sie für die Zukunft plante, wollte sie antworten: »komme was wolle«, und hat auf Eng-

lish gesagt: »Can come wat want!« Es war so charmant und ehrlich, dass ich sofort entschieden habe, Uschi zu meinem Schutzengel zu erklären und ihren Satz als Motto zu nehmen für meine Reisen in die USA: Amerika, can come wat want!

★ *Patti Smith*
Rockgöttin, Poetin, Inspiration seit 1978. Über zweihundert Mal live im Konzert gesehen. Zufällig eine Woche nach den US-Wahlen in Paris auf der Straße getroffen. Sie war dort, um »zu trauern, sich zu verstecken, und um Kraft zu tanken für den Widerstandskampf.«
People have the Power!

★ *Deutsche Oma*
The Mercedes Benz unter den Omas weltweit. Solide gebaut. So pragmatisch, so robust! I never had an Oma, but if I could have an Oma I would want a deutsche Oma. Komm, Kind, wir schnappen ein bisschen frische Luft!«
»Mädel! Reiß dich zusammen! Morgen ist auch noch ein Tag!«
»Hier, iss etwas, hab eine Stulle!« Toll!
Und – they know how to make the Marmelade. Keine Frau aus Amerika knows how to make the Marmelade. Meine Mutter sagte immer: If you can't pop it in the microwave, forget it! Aber hier: Jede Menge Quittengelee! Wo

lernen die Omas das? Schon kurz nach der Entbindung? Baby raus und 14 Gläser Quittengelee hinterher! Amazing! Aber bitte Google nie den Begriff »Deutsche Omas«. Es gibt eine Subkultur that you don't want to know about. »Versaute Brandenburgerinnen warten auf Dich.« Sie warten natürlich nicht. Sie sind viel zu beschäftigt making Quittengelee.

★ ★ ★ ★ ★ ★ ★ ★ ★ ★ ★ ★ ★ ★ ★ ★

9. MIAMI VICE – DAS MUSICAL

Es war ein kalter, schmuddeliger Herbsttag, als ich über die Julius-Leber-Brücke in Schöneberg fuhr. Kräftiger Novemberwind pustete Restlaub und Straßenschmutz in meinen Kragen und wehte mich fast von meinem Rad. Meine Augen tränten, ich hatte die Handschuhe vergessen, meine Finger froren an der Lenkstange fest. Erst 16 Uhr und schon stockdunkel. Fuck! Da war er wieder – der beschissene Berliner Winter!

Für eine Weltmetropole ist Berlin sehr grün. Als transplantierte New Yorkerin empfinde ich die Stadt mit ihren Parks und Grünflächen, Wäldern, Seen und den imponierenden Alleen mit ihren prächtigen alten Bäumen fast als Garten Eden. Aber wenn die kalte Jahreszeit das alles wegbläst, dann ist sie Tristesse pur. Graue Bäume vor grauen Straßen, grauer Himmel über grauen Gesichtern. Vor ein paar Jahren stolperte ich mitten im Januar im Tiergarten beim Haus der Kulturen der Welt zufällig in die Dreharbeiten für den Hollywood-Film *Aeon Flux* mit Charlize Theron. Als ich einen üppig belaubten und tiefgrünen Tiergarten vor mir sah, saftig und frühlingshaft, war ich etwas verwirrt, bis ich ein flinkes Team von 25 Requisiteuren beim antackern von Pappblättern entdeckte. I wanted to engagier them to do the rest of the Stadt sofort.

Ich frage mich jedes Jahr, warum die Deutschen nicht härter gegen die kalte Jahreszeit ankämpfen. Mein Bremer sitzt glücklich in der Dämmerung, hört Element of Crime und liest die *Süddeutsche Zeitung* bei Teekerzenschein. Ich könnte schreien. Auch ich komme aus einem Ort mit vier deutlich unterscheidbaren Jahreszeiten! Auch wir haben lange Winter – aber wir kommen besser gelaunt hindurch, weil we turn on the fucking lights! Diese ständige Halbschattenwelt ist vielleicht romantisch und Caspar David Friedrich-esque, aber sie macht mich verrückt! Der Bremer sagt, mein Energiekonsum sei verschwenderisch und umweltunfreundlich. Aber es wäre noch viel umweltunfreundlicher, wenn ich aus Wut und Winterdepression das ganze Haus in Flammen setzen würde, nur um etwas mehr Licht zu haben. Ich möchte einen Volksentscheid ins Leben rufen, um die wunderschönen weißen Weihnachtslichter in den nackten Bäumen Unter den Linden bis mindestens Ende Februar brennen zu lassen.

Seit mehr als 20 Jahren versuche ich Frieden mit dem grauen Monster zu schließen, und bis Silvester lässt es sich einigermaßen aushalten. Der Advent ist die Hauptarbeitszeit für Performer. Ich verbringe die meiste Zeit sowieso in dunklen Räumen, dafür aber warm und meistens hübsch ausgeleuchtet. An Neujahr falle ich dann in ein dunkles Loch. Im Januar ist es auch in Südeuropa nur an sehr wenigen Orten gemütlich warm, und die sind ohnehin meistens ausgebucht von Deutschen, die sowieso viel besser im Urlaubmachen sind als ich: alles mindestens ein Jahr im Voraus gebucht, *Guide Michelin* gekauft, das Handtuch auf der Liege ausgebreitet. Ich habe einmal in der ersten Januarwoche eine Vermieterin nach einer Ferienwohnung auf Sylt, gefragt – für die letzte Augustwoche. Ihre Gegenfrage: »Für nächstes Jahr oder übernächstes?«

Also ab in den Süden der USA. Allerdings gibt es da einen Haken: So eine Reise ist für mich nicht unbedingt erholsam, sie ist Familienbesuch, Klassentreffen und Vergangenheitsbewältigung in einem. Oft brauche ich Urlaub nach meinem Urlaub.

Amerikaner haben weniger Urlaubstage als Deutsche. Mein Vater hat über 30 Jahre für dieselbe Firma gearbeitet und bekam nur eine Woche Urlaub im Jahr. In New York war ich als arbeitslose Schauspielstudentin überglücklich wegen eines freien Dienstagnachmittags, an dem ich nach Rockaway Beach in Brooklyn fahren konnte, wo man das Wasser anguckte, statt darin zu schwimmen. Es war nämlich voller Quallen und Einwegspritzen. For your Durchschnittsamerikaner ist Urlaub ein Luxus wie Rolex-Uhren oder Krankenversicherung. Deswegen sieht man immer so viele sehr erschöpfte amerikanische Touristen auf einer »See Europe in 7 Days!«-Reise. Louvre, Kölner Dom, Pisa-Turm – alles auf einen Schlag unter dem Motto: »HURRY UP! I'M ON VACATION!!!«

Oder wir kombinieren es mit Arbeit. Meine Sonnenentzugsprobleme wurden gelöst, als eine kleine, renommierte Privatuni namens *Rollins College* in Winter Park, Florida anfragte, ob sie mich für ihren »German Day« engagieren könnte. Die Fremdsprachenabteilung der Hochschule wollte den Deutschunterricht für ihre 20-jährigen Undergraduates ein wenig hipper und lustiger machen, als es mit Goethe und Thomas Mann möglich ist. Wir würden einen Austausch auf Deutsch haben, ein bisschen über das moderne Berlin plaudern, und ich sollte ein Konzert geben. Meinen Pianisten Marian Lux durfte ich mitnehmen, und wir kriegten sogar faculty housing, ein eigenes Wohnhaus am Campus. Flüge und Wohnen umsonst! 10 Tage Sun & Fun!

Florida, wir kommen!

THE SUNSHINE STATE

Ich war noch nie in Florida. Als Massachusetts-Girl hatte ich eine Abneigung gegen The Sunshine State, ausgelöst durch Bilder von Rentnern mit lederner Haut, Killerorkanen und sturzbesoffenen Blondinen in knappsten Bikinis, die auf einer Schaumparty beim Spring Break in Fort Lauderdale poledancen. Obwohl ich Flipper, Gloria Estefan und Orangen sehr mag, war dieser sonnige Zipfel nie mein Ding.

Der Komiker Jon Stewart nannte Florida »The Penis of America«, nicht nur wegen seiner südlich platzierten phallischen Form, sondern auch wegen des unbändig auf- und abschwellenden Chaos, das dort immer wieder zu erleben ist. Besonders seit dem Wahldebakel im Jahr 2000 war es für mich politisch eine No-Go-Area. Am Ende des Wahlkampfs zwischen George W. Bush und Al Gore gab es den berüchtigten Florida Recount, das wochenlange Nach- und Neuauszählen der Wahlstimmen, ausgerechnet in dem Bundesstaat, wo Jeb Bush, der Bruder von George W. Bush, Gouverneur war. Eine Auszähl-Katastrophe, die schließlich vom Obersten Gerichtshof beendet und entschieden wurde. Die Voting Machines im Bundesstaat hatten Stimmen mehrmals oder überhaupt nicht gezählt. Wochenlang durften die Amerikaner in endlosen Live-Schaltungen miterleben, wie dilettantisch die Wahl organisiert war und der Stimmenvorsprung von Bush vor Gore immer weiter schrumpfte. Kurz vor der Stimmenmehrheit für Gore erklärten die Richter das Auszählen für beendet und Bush zum Sieger. Für viele Amerikaner ist es bis heute fraglich, ob Bush tatsächlich gewonnen hat. Ebenfalls ungeklärt ist, warum jemand freiwillig nach »The Penis of America« reisen sollte.

Viele meiner deutschen Freunde schwärmen von Florida: Die Sonne, der Strand, die Palmen, das Wetter! Schon der Name klingt verführerisch – »La Florida« oder »die Blühende«, wie die Spanier die Halbinsel vor 300 Jahren nannten. Er klingt so leicht und vielversprechend, dass er in Deutschland immer wieder als Marke genutzt wird, von Florida-Salat bis Florida-Eis – aus Berlin-Spandau. Ich stelle mir vor, dass Florida in der Zeit des Wirtschaftswunders der Sehnsuchtsort schlechthin gewesen sein muss. Ein Traum von Leichtigkeit und Wärme in den kalten Schatten der Nachkriegszeit. Die sonnendurchflutete Anziehungskraft wirkt bis heute, die exotische Tierwelt aus Flamingos, Pelikanen, Alligatoren und Delfinen, die Weltraumfahrtzentrale Cape Canaveral, und natürlich der Heilige Gral aller Vergnügungsparks: Disney World.

Florida ist das ultimative deutsche Urlaubziel – eine Mischung aus Sonne, Natur, Zukunftsmusik und Kitsch.

ZAUBERHAFTES KÖNIGREICH

Ich sah die Begeisterung in Marians Augen. Als wir unsere Reiseplanung machten, hatte ich vorgeschlagen, zwei Tage früher zu fliegen, da Winter Park nur eine halbe Stunde von Orlando entfernt ist, The Theme Park Capital Of The World mit dem Höhepunkt Disney World:

The Magic Kingdom!

Marian liebt Vergnügungsparks. Sämtliche deutschen Parks hat er schon besucht und wird immer ganz hibbelig, wenn wir auf Tour an einem Autobahnabzweig zu einem Vergnügungspark vorbeirauschen. Wenn er auf einer Achterbahn in 60 Meter Höhe kopfüber in einer schwingenden Gondel sitzt und sich in einen Abgrund stürzt, ist er am glücklichsten. Er sagt mit einem Augenzwinkern: »Damals hatten wir so etwas ja nicht.«

Marian, Sohn einer Lehrerin und eines Automechanikers, kommt aus Bad Freienwalde in Brandenburg. Er wurde 1983 geboren, hat nicht ganz so furchtbar viel von der DDR miterlebt, aber ein Teil von ihm wird sich immer als »Ossi« definieren, ein Soljanka essender Arbeitersohn, bodenständig und neugierig auf die große weite Welt. Außerdem ist er kein Kind von Traurigkeit und freute sich also wie Bolle auf unseren Trip.

1965 kaufte Walt Disney, der Vater von Mickey Mouse, 123 Quadratkilometer Sumpflandschaft in Orlando. Heute ist sein Magic Kingdom der Superlativ der Freizeitparks: mit 52 Millionen Besuchern im Jahr und 74 000 Mitarbeitern. Ein Besuch ist nicht gerade billig. Was 1971 mit $ 3.50 für Erwachsene und $ 2.50 für Kinder unter 18 anfing, kostet mittlerweile $ 99.50 für alle über 10. Kinder unter 3 sind frei, aber wer möchte schon ein Baby durch Disney World schleppen? Es ist viel mehr als ein Park, es ist eine Welt. Mit 27 Hotels, sechs verschiedenen Themenparks, Golfplätzen, Campingplätzen, einem Hochzeits-Service und genau so viel employees wie die anderen Top-Arbeitgeber in Florida – die U.S. Armee und der Rüstungshersteller Lockheed-Martin.

Nach unserer Landung mieteten wir einen Wagen und fuhren direkt zu Disney World. Wir fingen in der Epcot Future World mit dem Flight Simulator Soarin an. Ich habe nicht ganz verstanden, warum wir nach unserem 9-stündigen transatlantischen Flug zwei Stunden in einer Schlange stehen mussten, um einen 5-minütigen Pseudoflug vor projektierten Aufnahmen von Kalifornien zu machen, aber Marian war begeistert. Marian likes the scary rides, wie Space Mountain, eine highspeed-Achterbahnfahrt-im-Dunkeln, wo man schnell die Orientierung verliert und manchmal auch das Mittagessen. Mir war schon auf The Spinning Teacups übel genug, ein Klassiker, basierend auf Disneys Aschenputtel-Verfilmung von 1950, auf denen ich die einzige Erwachsene inmitten einer Horde von Kindern unter 3 war.

Den ganzen Tag verbrachten wir im Park, von Adventureland bis Tomorrowland. Wir standen Schlange für Fotos mit Donald Duck und mit Goofy. Dabei diskutierten wir lange darüber, was Goofy eigentlich ist: Ein Hund? Ein Elch? Ich stand an, um mir Minnie Mouse-Ohren zu kaufen. Wir standen in der Schlange für Cinderella's Castle, eine aufgekitschte Imitation von Schloss Neuschwanstein – Disneys Markenzeichen. Als Kleinkind bewunderte ich es jeden

Sonntagabend im Vorspann von *The Wonderful World of Disney* im Fernsehen, während Jiminy Cricket *When You Wish Upon A Star* sang und mein Herz vor Fernweh schwer wurde, obwohl ich damals weder das Wort noch das Gefühl kannte. Ich wollte sofort in das Schloss ziehen – nicht als Prinzessin, nur als ich selbst. Es schien so riesig zu sein, so alt und voll tausender Geschichten.

In »echt« war Cinderellas Castle leider etwas enttäuschend. 1971 gebaut und dringend renovierungsbedürftig, sah es aus wie ein abgespieltes Bühnenbild in Bad Segeberg. Ich hatte mir The Magic Kingdom ein bisschen magischer und sehr viel königlicher vorgestellt.

Aber vielleicht war ich nur ge-jetlagged und brauchte etwas zu essen. Marian stand schon in der Schlange beim Hot Dog-Laden Surf Doggies, wo er einen Jumbo Chili Cheese Dog mit Curly Fries bestellte. Weil seine Schwester in Chicago wohnt, war er schon häufig in den USA und genießt die Traditionen amerikanischer Esskultur in vollen Zügen: eating things bigger than your head!

Er kaufte eine enorme Surf Doggy-Wurst, die auf Chili con Carne gebettet und mit einer saftig-dicken Schicht Cheddarkäse überbacken war. Das Ganze auf einer XXL-Portion geringelter Pommes in einem Papierboot mit den Worten drauf: »Where Dreams Come True«. Sein Blick voller Vorfreude und Wunderglaube war zauberhaft.

QUIET PLEASE, STUDENTS SLEEPING

Es war schon dunkel, als wir total überdreht unser Domizil in Winter Park erreichten. Wir bekamen ein Duplex-Appartement mit riesiger Garage, riesigem Flachbildfernseher, riesigem Kühlschrank. Mein Schlafzimmer war gemütlich, mein Kingsize-Bett unter Laura Ashley-Kissen plüschig und einladend begraben. Der Tag war voller neuer Eindrücke gewesen, ich litt unter Jetlag, versuchte aber dennoch, möglichst lange wach zu bleiben. Doch meine Augen fielen zu, bevor ich mich hinlegte.

What the fuck?!!!!

Manchmal wache ich mitten in der Nacht auf, und für ein paar Schrecksekunden habe ich keinen blassen Schimmer, wo ich bin. Beruflich oft unterwegs, ist der Unterschied zwischen dem Radisson in Bielefeld und dem Merkur in Ludwigslust oft nur schwer zu erkennen. Orientierungslosigkeit ist Teil des Basisprogramms jeder menopausierenden Frau, aber das hier war etwas anderes: Ein ohrenbetäubend knirschend-schabendes Geräusch durchflutete den Raum. Es klang, als ob jemand einen Güterzug voller Metallschrott an meiner Bettkante einparken wollte.

What the fuck?!!!!

Ich sprang aus dem Bett, schaute aus dem Fenster, sah aber nur den ruhigen Platz am Ende der Straße. Vielleicht hatte ich das alles geträumt? Dann schrillte unvermittelt eine Lokomotivpfeife in der Lautstärke der ersten Reihe eines Rammstein-Konzerts durch die Nacht. Türen wackelten, Gläser klirrten. Ich war wieder in *Space Mountain* bei einer Achterbahnfahrt im Dunkeln. Marian schlief einfach weiter.

Ich machte mir einen starken Kaffee und wartete bis Sonnenaufgang, um zu erkunden, was hier los war. Tatsächlich gab es hinter einem Wäldchen am Ende der Straße ein Bahngleis, daneben einen Fitnessparcours und den Eingang einer School for the Deaf, einer Schule für Gehörlose. Vor einem Studentenheim gegenüber stand ein Schild mit der Aufschrift: »Quiet please! Students sleeping!«

SOCCER. BEER. BMW.

Als ich das College anrief, um eine alternative Übernachtungsmöglichkeit zu finden, meinte eine freundliche Verwaltungsangestellte, dass leider alle Wohnungen besetzt seien. Außerdem würde der Güterzug nur Dienstag- und Donnerstagnacht kommen, und Dienstag sei ja schon vorbei. Ich dachte an den Briefkopf auf meinem Vertrag: »Rollins opens your eyes to the bigger picture!« Meine Augen waren jetzt schon weit geöffnet.

Rollins College ist die einzige Uni in Florida, die je einen Nobelpreisträger hervorgebracht hat (Jack Leffingwell für Chemie). Es ist die älteste Universität (seit 1885) und ein kleines (3224 Studenten) und feines ($ 60 000 pro Jahr) Liberal Arts College, an der Studenten Allgemeinbildung und jede Menge Sonne tanken können. Ich hatte mich dementsprechend vorbereitet und einen Vortrag über das moderne Deutschland und mein Metier, die Pop-Kultur, vorbereitet. Ich wollte von *Good Bye Lenin* erzählen, »Wir sind Helden« und von der Schlange vor dem Berghain.

Ich traf die »German Day«-Participants in einem kleinen fensterlosen Klassenraum mit Wortschatzplakaten an den Wänden – die Abbildung eines ice cream cone mit dem Wort VANILLEEIS darunter. Ich hatte ein etwas anderes Niveau erwartet.

Ich begrüßte die 10 Deutschstudenten – zwei waren nicht gekommen – mit einem herzlichen »Guten Tag zusammen!« Sie glotzten mich an, als ob ich gerade »Lasst uns jetzt über die Effizienz der deutschen Bauverordnung reden!« in Swahili gesagt hätte. Überfordert, ahnungslos und desinteressiert. Ich weiß, dass Schule stinkend langweilig sein kann und dass Deutschkurse manchmal so reizvoll wie ein Zahnarztbesuch bei simultaner Steuerprüfung sind, aber come on! Die engagierte Programmleiterin, eine gutherzige Amerikanerin, hatte enthusiastisch von ihren tollen Studenten geschwärmt und wie froh die sein würden, jemanden aus Berlin kennenzulernen. Ich musste einen persönlicheren Ansatz wählen.

»Was wisst ihr über Berlin?«

Nichts. Keine einzige Antwort. Die Gesichter waren leer. Ich sprach offensichtlich immer noch Swahili. Ich probierte es auf Englisch:

»What do you know about Berlin?«

Nichts.

»What do you think of when I say ›Germany‹?

»Soccer« murmelte ein Mädchen.

»Beer!«, rief ein Junge.

»BMW!«

»Heidi Klum!«

»Jägermeister!«

Als ich an der Brockton High School studierte, gab es eine Hackordnung unter den Fremdsprachen. German war etwas für die Intellektuellen, the Smart Kids, die Klugscheißer. Nicht ganz so clever wie die Russian Nerds, aber klüger als die Frenchys wie ich. Ganz zum Schluss kam die Spanish Class voller kiffender Footballspieler, die dringend mühelose Leistungspunkte in Fremdsprachen brauchten, um ein Sportstipendium zu bekommen.

Hier in Rollins war German the new French. Vielleicht wollten sie lieber etwas Moderneres studieren, etwas, das hipper und karrieretauglicher war – Mandarin oder Farsi beispielsweise. Doch jetzt waren sie hier, gefangen in der Alten Welt. Plötzlich empfand ich einen bisher unentdeckten Lokalpatriotismus, eine Verantwortung für meine Wahlheimat Deutschland und eine Pflicht, diese verdammte deutsche Sprache zu verteidigen.

GEIL!

Seit Jahren versuche ich, die deutsche Sprache mit Spaß zu vermitteln. Für Non-Native Speakers ist Deutsch eine sperrige Angelegenheit – der, die, das, jede, jeder, jedem, the rollende »r«, the kratzende »tsch«, the Umlauts! Bis heute kann man mich mit Sätzen wie »Tschechische Schleimer schleichen schematisch in der Schlucht« jagen. Oder wie wäre es mit »Betrübte Betrügerinnen buchen Übungen in der U-Bahn«? In meinen Shows spreche ich Dinglish, eine humorvolle Mischung aus Deutsch und Englisch. Was als Notlösung anfing, ist jetzt ein spielerischer Versuch to bring the languages zusammen, a musikalische Bemühung to build a phonetische Brücke between unseren Kulturen. Einer meiner ersten Dinglish Songs heißt *Dictionary of Delight* und fragt:

Who put the fire in the Feierabend?
Who put the tents in the Intensität?
Who put the sex into the Sechskornbrötchen?
Who put the dick in my Diktiergerät?

Bei unserem Florida-Konzert mussten wir beweisen, that Deutsch can be fun.

Die Show fand am nächsten Morgen um 10 Uhr in der Concert Hall des Music Department statt. Im Publikum saß die gesamte Fremdsprachenabteilung, unsere Deutschstudierenden inklusive ihrer Freunde und Mitbewohner, dazu die interessierten Studenten eines benachbarten Gymnasiums für autistische Jugendliche.

Ich sang über Duden (»Konrad Duden has no right to live/ 'Cause he's the devil with the Genetiv«) und Joschka Fischer (»He is a man who works inside the Reichtag's Dome, he calls the Außenministerium his home sweet home«).
Ich verkleidete mich als Berliner Bär und sang dabei meine Hymne auf die Hauptstadt (»This Stadt has style/ It's oberbärengeil/Berlin du bist so bärenstark!«). Der Publikumsrenner war aber meine Geschichte über das Pro-

blem, das die Deutschen beim Aussprechen meines Vorna-
mens haben. Weil sie nicht wissen, was sie mit der Kombi-
nation A-Y machen sollen, wird aus dem phonetischen ä
oft ein ei: Sie nennen mich »Geil«. Als ich die englische
Übersetzung »horny« aussprach, fing der ganze Saal an zu
kichern – nicht nur die Studenten, auch deren Freunde, die
Mitbewohner und die gesamte Lehrerschaft.

Während der anschließenden Frage-Antwort-Runde wurde
ich mehrmals von feixenden Jungen gebeten, das Wort
»geil« zu übersetzen, während die Programmleiterin pein-
lich berührt zu Boden schaute. Mitten in der Prüderie eines
amerikanischen Südstaaten-Colleges hatte ich einen Skandal ausgelöst. »Miami Vice: Das Musical!« Aber die Kids
hatten Spaß und wenigstens ein deutsches Wort gelernt.

PINA COLADAS ZUM ABSCHIED

Wir hatten noch fünf freie Tage, entdeckten die Strände,
machten Bootstouren. Wir schlürften Pina Coladas bei
Sonnenuntergang und aßen Sandwiches bigger than our
heads. Marian war von The Cheesecake Factory in der Winter Park Shopping Mall begeistert, von Oreo Cookie Monster Shakes und seinem Urlaubsflirt, dem Leiter des Musi-
cal-Theater-Programms, einem einarmigen Pianisten aus
Tennessee, der leidenschaftlich gegen Obamas Krankenversicherung hetzte.

Meine Abneigung hält bis heute an. Sonne und Natur sind schön und gut, aber Florida wird für mich immer die besoffene Blondine auf einer Schaumparty bleiben – feucht-fröhlich und etwas schlampig. Spätestens seit das Golf-Resort Mar-a-Lago in Palm Beach zum Southern White House ernannt wurde, ist The Sunshine State endgültig unappetitlich. Der Präsident nimmt seit Januar fast jedes Wochenende auf Kosten der Steuerzahler frei, twittert entspannt aus seinem Resort Hotel, zwischen zahlenden Gästen und dem Sicherheitsdienst – der Ort, an dem einst Michael Jackson Lisa-Marie Presley heiratete. Profit trifft Politik und Protz.

Ein paar Tage später landeten wir in Berlin – wieder ein dunkelgrauer Regentag. Ich schnappte mir meine schwarze Daunenjacke, meine schwarze Mütze, meine schwarzen Handschuhe und ging am Schloss Charlottenburg spazieren. Ich tapste den schlammigen Pfad in Sophie Charlottes Garten entlang und genoss den Blick auf den prächtigen Barockpalast, Baujahr 1699. Ich hörte, in einer Sprache, die ich immer noch nicht beherrsche, eine Stimme, die laut und deutlich sagte: Deutschland ist mein Disney World.

★ ★

10. FÜNFZEHN DINGE I LOVE ABOUT GERMANY

Als junges Mädchen hätte ich nie gedacht, dass ich irgendwann mein Glück in Deutschland finden würde. Meine Familie hat irische Wurzeln, in der Schule lernte ich Französisch, und ich war davon überzeugt, irgendwann einen Beatle zu heiraten. Es gab keine Verbindung zu the Land of Dichter und Denker – ich kannte diesen Begriff nicht einmal.

Meine Mutter hatte regelrecht Angst vor Deutschland. Im Jahr 1926 geboren, ist sie mit *newsreels* groß geworden, der Wochenschau vor jedem Kinofilm. Das waren Schwarz-Weiß-Bilder von marschierenden Nazis und Hungersnot in Endlosschleife, gefolgt von Spielfilmen mit Peter Lorre oder Gert Fröbe als sadistischen Bösewichten. Sie hat mich nie in Deutschland besucht, für sie blieb es immer the Land of Hitler and the Holocaust.

Mich hat ein anderes filmisches Deutschlandbild geprägt. Alles fing mit *Cabaret* an, Bob Fosses Verfilmung des Musicals von John Kander und Fred Ebb aus dem Jahr 1972. Liza Minelli als Fräulein Sally Bowles, eine abgefuckte amerikanische Nightclub-Sängerin im Berlin der Weimarer Republik. Mit ihren fishnet stockings und grünem Nagellack ist Sally Bowles bis heute die Inspiration für hunderttausende Musicaldarstellerinnen und Travestiekünstler weltweit. Spätestens als Liza voller Leidenschaft »Maybe this time I'll win!« schmetterte, wollten wir alle zum Nollendorfplatz ziehen.

1982 habe ich innerhalb einer Woche alle Filme von Fassbinder hintereinanderweg gesehen! Kurz nach seinem Tod gab es im New Yorker Film Forum eine Retrospektive seines Werks. Damals war ich Schauspielstudentin an der *New York University* bei der Regisseurin Anne Bogart, meiner Lieblingsdozentin, die ein fanatischer Fan von Fassbinder war. Sie schenkte unserer ganzen Klasse Eintrittskarten. Es war eine sehr anstrengende Woche. Alle Filme waren im Original mit Untertiteln, das Ablesen allein war exhausting. Die Schlachthausbilder in »In einem Jahr mit 13 Monden« morgens um 10 Uhr anzusehen, war auch nicht leicht. Aber die Gelegenheit, in diese schräge, poetische, verrückte Welt abzutauchen war einmalig. Germany als Reiseziel wurde immer interessanter, und Brigitte Mira zum ersten Mal auf der Leinwand in »Angst essen Seele auf« zu erleben, war thrilling.

SO DEUTSCH!

Neulich wurde ich wieder einmal gefragt, was für mich typisch deutsch sei. Ich wohne hier mittlerweile so lange, dass mir die Antwort schwerfällt. Um es auf gut Deutsch zu sagen: Ich sehe den Wald vor lauter Bäumen nicht. Früher hätte ich vielleicht »Pünktlichkeit« geantwortet.

Ich werde nie vergessen, wie irritiert ich war, als ich an einem kalten Freitagabend im Februar 1990 an einer Bushaltestelle in Kreuzberg wartete, auf den Fahrplan schaute, und die Zeiten las: 21:48 Uhr. »That is SO Deutsch!« habe ich gedacht, »Nicht 21:40, nicht 21:50–21:48! How pingelig can they get?« Und wie schwer begeistert war ich, als der Bus pünktlich um 21:48 Uhr anrollte. Heute ist man froh, wenn der Bus vor Dienstag kommt.

Ich habe neulich auf Facebook gefragt: »American friends – what do you think of when you think of Germany?« Ich war neugierig, wie sich der Blick über die Jahre verändert hat, und ob es mehr Antworten gibt, als the Three B's – Beethoven, Bach und Bier.

Pünktlichkeit war immer noch dabei, genauso wie Effizienz und Sauberkeit, aber das waren Leute, die lange nicht mehr in Berlin gewesen sind. Gastfreundlichkeit, Mitgefühl und Social Democracy fand ich toll, aber meine Lieblingsantwort kam von meinem Freund Terry, der noch nie in Deutschland war: scary dark wildness. Unheimliche dunkle Wildheit. Wow! Vielleicht liegt es daran, dass er eine deutsche Ex-Frau hat.

Bier wurde immer noch häufig genannt, auch Bodenständigkeit, Umweltbewusstsein – und die Bundeskanzlerin. Wir sind verrückt nach Frau Merkel! The Leader of the Free World! Seit ihrem ersten Trip nach Washington und der Begegnung mit dem neuen Präsidenten möchten viele Amerikaner eine neue Reality-TV-Show ins Leben rufen: Präsidententausch. Sie ist für uns eine kosmische Mischung aus Mutter Teresa, Eisbär Knut und Angelina Jolie – wir applaudieren ihrer Flüchtlingspolitik. Wir lieben ihre Biografie – von der Physikerin im Osten zur frei gewählten Politikerin im Westen: »That Mrs Merkel – she's terrific! She was a Communist! She was a scientist behind the Iron Curtain! And now she is the leader of a free and democratic Germany – God bless her!« In Amerika lieben wir gute Geschichten, und Frau Merkels Geschichte ist nun wirklich Hollywood-Material. Ich sehe schon den Filmtrailer: »Sie war Kommunistin. Sie war Wissenschaftlerin. Erleben Sie, dass Wunder wirklich möglich sind! Meryl Streep IST Angela Merkel! In ... WUNDER WOMAN!«

Von Apfelkuchen bis FKK habe ich in Deutschland sehr viel lieben gelernt, für mich ist das typisch deutsch:

LUFT SCHNAPPEN

Es ist nicht nur die Berliner Luft, Luft, Luft, die so toll ist, it's what you do with it! Lüften ist ein Tuwort! Das ist für viele

Amerikaner wie mich eine ganz neue Erfahrung. Meine High School ähnelte einem Hochsicherheitsgefängnis – 4000 Schüler und kein Fenster, das sich öffnen lässt. Da ist eine Klimaanlage das Allerwichtigste! Die meisten frisch zugereisten Amerikaner ärgern sich über zu wenig Eiswürfel in der Cola, aber noch viel mehr darüber, dass es in Deutschland so wenig Klimaanlagen gibt. Sie verstehen die deutschen sommerlichen Rituale nicht: frühmorgens Lüften, tagsüber die Vorhänge zu, abends wieder Lüften – bis man kapiert, wie umweltfreundlich und kostensparend und effizient a little bit of Lüften ist. Mittlerweile flippe ich aus, wenn ich in einem Hotelzimmer schlafen muss, in dem sich kein Fenster öffnen lässt. Auch im Winter ist es lebensnotwendig. Lüften vertreibt den Schimmel, erfrischt und ist gut fürs Gehirn. Lüften ist die deutsche Antwort auf alles: »Komm wir lüften kurz! Fünf Minuten Stoßlüften! Komm wir schnappen ein bisschen frische Luft!« Es wäre eine gute Idee, wenn Frau Merkel wöchentlich im Weißen Haus vorbeischauen würde und alle Fenster öffnete, um einmal kräftig durchzulüften.

NACHDENKEN

Mit Sauerstoff im Gehirn kann man klarer denken. Ich habe neulich gedacht, dass es wirklich bedenkenswert ist, wie viele Gedanken sich die Deutschen über das Denken machen. Überlegen, nachdenken, eine Nacht darüber schlafen! Was für ein Konzept, was für ein Luxus!

Als ich zum ersten Mal hierher kam, war mir das absolut fremd. Ich hatte 13 Jahre in New York City gelebt und keine Sekunde Zeit zum Denken gehabt. Ich lebte nach der Prämisse des Werbespruchs von Nike: »Just do it!« Mach's einfach! Guck nicht rechts oder links, lebe dein Leben, zahl deine Miete, work it! Als ich vor 25 Jahren nach Berlin übersetzte, fühlte ich mich anfangs wie ein 747 Jumbo Jet, der immer wieder auf einer viel zu kurzen Rollbahn landete. Es hat zwei oder drei Jahre gedauert, bis ich zur Ruhe kam und richtig durchdenken konnte.

EINSTEIN

Mein Jetlag in Europa kommt nicht nur von Transkontinentalflügen, er kommt auch von der Tatsache, dass Europa viel, viel älter ist als Amerika. Das gibt eine ganz andere Perspektive auf die Geschichte, unsere Vergangenheit und die Zeit an sich. Ich finde, es ist kein Zufall, dass Albert Einstein Deutscher war. Ich verstehe seine Theorie bis heute nicht so ganz, bin mir aber sicher, dass Einstein viel frische Luft geschnappt hat, um zu begreifen, dass Raum und Zeit sich verändern. In meiner Heimat gehen Wissenschaftler – grundsätzlich ja eher eine zurückhaltende Gruppe von Menschen, die ihre Privatsphäre schätzen – auf die Straße und tragen baseball caps mit dem Slogan »Make America Smart Again«. Sie versuchen bisher gewonnenes Wissen über Umweltschutz und Klimawechsel zu retten, weil Scott Pruitt – Chef der Umweltbehörde und Klimawandel-Leugner – angeordnet hat, sämtliche Daten zu löschen. Als ob damit alle Probleme gelöst wären. Gleichzeitig verliert The Environmental Protection Agency, das Umweltschutzministerium, seine staatliche Förderung, denn auch Energieminister Rick Perry und der Präsident selbst sind Climate Change denialists. Einstein bleibt in diesen Zeiten ein Star an einem immer dunkler werdenden Himmel.

TAGESSCHAU

Punkt 20 Uhr: Der Gong ertönt, und die Stimme von Claudia Urbschat-Mingues (der Synchronstimme von Angelina Jolie!) sagt: »Hier ist das Erste Deutsche Fernsehen mit der Tagesschau«! Dann die Eröffnungsfanfare. Und schließlich: »Guten Abend, meine Damen und Herren ...«

Nichts ist so vertrauenerweckend wie mein abendliches Nachrichtenritual in der ARD. Es gibt mir Halt in einer unsicheren Welt. Im tiefen Meeresblau des Tagesschaustudios herrscht eine fast meditative Stimmung. Ein Ort der Stille und Sachlichkeit, wo die oft erschreckenden Ereignisse des Tages dargestellt werden. Das steht in starkem Kontrast zum aktuellen Erscheinungsbild der amerikanischen Nachrichtenlandschaft – die Hetze der Propagandamaschine *Fox News* und die mediale Infotainmentüberwältigung von CNN.

Nachrichtensendungen in den USA haben den visuellen

Reiz eines Flipperautomaten: schnell, bunt und leicht hysterisch. Panoramaleinwand im Hintergrund, Hologramme, 3-D Infographics. It's like the Kinderkanal on Red Bull. Lights! Camera! ACTION!

Die Nachrichtensprecher haben Namen wie Actionhelden: Lester Holt, Connie Chung oder Wolf Blitzer – WOLF BLITZER! Dieser funkensprühende Killerhund ist eine Nachrichtenlegende. Er sieht aus wie Super Mario als gepflegter Rentner und moderiert aus *The Situation Room*. Seine tägliche dreistündige Sendung auf *CNN* ist mehr als eine Nachrichten-Show, sie ist ein Interactive-Event, eine Graphikorgie in einem Studio, das einem Space Age-Techno-Club ähnelt. Überall dramatische Lichteffekte, Themenmusik, Spannung, live Twitter-Feeds und alles, was sich Nam June Paik je ausgedacht hat. Dazu gehört The Crawl – the ununterbrochene Untertitelung, die seit dem 11. September auf jeder unteren Bildschirmkante wohnt – was mir das Gefühl gibt, dass bald etwas ganz, ganz Schlimmes – bald! – passieren wird. Das alles ist *Nintendo* fürs Volk mit zehntausend gleichzeitig präsentierten Themen. Auf einem Bildschirm-im-Bildschirm spricht Wolf mit Reportern in Washington, während ein Kommentator aus Aleppo per Skype anruft. Auf einer Riesenleinwand hinter ihm läuft eine Liste topaktueller Themen von Nordkorea bis Justin Biebers Haustier, und ein Livestream zeigt den Verlauf von Beyoncés latest Schwangerschaftssonographie. Wolf schreit mich an: ALLES-IST-WICHTIG-JETZT-SOFORT! It's exhausting!

Ich bevorzuge den Dalai Lama der Wahlberichterstattung –
Jörg Schönenborn. Er informiert überlegt, ruhig und gelassen über die aktuellen Wahlergebnisse. Ohne Lärm und
Drama serviert er mir um Punkt 18 Uhr sein Statistiktor-
tendiagramm, und ich darf entscheiden, ob ich das lecker
finde oder nicht.

STIFTUNG WARENTEST

Die Tagesschau würde von der Stiftung Warentest bestimmt ein »sehr gut« bekommen. Auch der Stiftung selbst
möchte ich ein »fucking fantastic« verleihen. Die gemein-
nützige und unabhängige Verbraucherorganisation arbeitet seit 1964 im Interesse der Kunden und hat seitdem fast
100 000 Produkte und Dienstleistungen getestet. Das
amerikanische Pendant, Consumer Reports, ist auch
ehrenwürdig, aber längst nicht so im Alltagsleben präsent.
Jeder Deutsche hat unerschütterliches Vertrauen in the
Stiftung Warentest und verlässt sich bei wichtigen Kauf-
entscheidungen auf ihre Testergebnisse – von Tiefkühl-
pizza bis Baby-Kinderschalensitze. Als Singlefrau hätte ich
mir ein Stiftung Warentest-Siegel für deutsche Boyfriends
gewünscht, ein »sehr bedenklich« oder »nicht zufrieden-
stellend« hätte mir sehr geholfen, auch wenn ich es wahrscheinlich ignoriert hätte.

KARTOFFELN

Kartoffelpuffer mit Apfelmus, Bratkartoffeln mit Spiegelei, Kartoffelsuppe mit Würstchen, Pellkartoffeln mit Quark. Für die Deutschen sind diese Gerichte alltäglich und nichts Besonderes, für mich waren sie eine neue kulinarische Welt und ein wichtiger Grund, hierzubleiben. Was ist ehrlicher als eine Kartoffel? Dieses kultivierte Knollengemüse verbindet uns alle, denn seit tausenden von Jahren haben Kartoffeln Menschen beim Überleben geholfen. Kartoffeln sind nahrhaft, vielfältig und nicht teuer.

Sie sind auch ein wichtiger Teil meiner Familiengeschichte: Mein irischer Urgroßvater ist infolge der großen Hungersnot – the Great Potato Famine – nach Amerika ausgewandert. Zwischen 1845 und 1852 trat in Irland eine bis dahin unbekannte Kartoffelfäule auf und vernichtete einige Jahre die gesamte Ernte von Irlands Hauptnahrungsmittel. 12% der irischen Bevölkerung starben, eineinhalb Millionen sind nach Amerika ausgewandert. Mein Uropa landete als Bauer auf einem kleinen Grundstück in Stoughton, Massachusetts. Leider hatte meine Mutter nicht den kreativen Umgang mit Kartoffeln von ihm geerbt. Ihre mashed potatoes sahen aus wie Tapetenkleister und schmeckten leider auch genauso.

Die Deutschen dagegen sind Erdapfelexperten. Kartoffelpüree, Kartoffelbrei, Kartoffelstampf, Schupfnudeln, Klöße!

Das ist Hausmannskost vom Feinsten – schmackhaft and delicious. It puts the gut in gutbürgerlich. Deswegen verstehe ich die Verteufelung der Kartoffel nicht. Seit wann ist diese köstliche Knolle ein Bösewicht? Igitt – das sind Kohlenhydrate pur! Keine Kohlenhydrate nach 18 Uhr! Hilfe!!!

Heutzutage steht die einfache Kartoffel im Schatten von Superfoods. Den Hipstern unter den Fressalien! Sie sollen supergesund sein, voller Vitamine, Mineralien und mehrfach ungesättigter Fettsäuren (which I think is a very sexy Schimpfwort – du ungesättigte Fettsäure! Mehrfach!), Chiasamen, Gojibeeren, Acai Berries, Macawurzeln, Quinoa und Kale! Kale ist überall! Ich war in New York mit meinem Bremer und alles, was man dort zur Zeit zu essen bekommt, hat mehr oder weniger Kale als Zutat – Kale Chips, Kale Tacos, Kale Salad. I was thinking of changing my name to »Kale« Tufts, um ein bisschen hipper zu wirken.

Wir gingen in eine Juice Bar in Brooklyn und bestellten einen Kale Smoothie für $12.50. Als wir den dicken, grünen, angeblich äußerst nahrhaften Brei durch Strohhalme schlürften, fragte der Bremer: »Wie übersetzt du eigentlich ›Kale‹? Ich antwortete: »Grünkohl.« Der ganze Smoothie kam out of his Norddeutsche Nase: »$12.50 für Grünkohl ohne Pinkel? Warum?«

Gute Frage!

Back to the Kartoffel: Mit 69 Kalorien pro hundert Gramm – weniger als Reis! – fast gar keinem Fett, sehr vielen Ballaststoffen, einem hohen Gehalt an essenziellen Aminosäuren und das Ganze für circa € 1,– pro Kilo, sind Kartoffeln für mich das Superfood schlechthin.

PILATES

Das 1926 von Körpertrainer Joseph Pilates entdeckte »Powerhouse« ist unser Zentrum in der Körpermitte – vom Beckenboden bis zur Bauchdeckenmuskulatur. Der Mönchengladbacher erfand ein effektives Trainingssystem mit Elementen aus Yoga, Tierbewegungen, Selbstverteidigung und Boxen. Dieses »Krafthaus« ist aktiviert, wenn alle Muskeln rund um den Bauchnabel angespannt werden. Wenn man das regelmäßig macht, wird alles ganz stramm und straff.

Ich mache diese Übungen seit über zehn Jahren. Ich liege immer wieder im Sportstudio auf dem Boden, während eine 22-jährige Kursleiterin namens Steffi breitbeinig über mir steht und schreit: »Powerhouse aktivieren!«

Ich sage: »Es ist aktiviert!«

Sie sagt: »Ich kann es aber nicht sehen!«

Ich sage: »Mein Powerhouse ist untervermietet.«

AUTOBAHN

Mai 1975. Kurz vor dem achtzehnten Geburtstag meines Bruders fahren wir auf dem Weg nach Cape Cod die wunderschöne Route 6 entlang. Wir haben gerade einen Joint geraucht, als im Radio ein Lied mit einem Sound ertönt, wie ich ihn noch nie zuvor gehört habe. Es ist nicht nur mein bekiffter Zustand, der mich aufwühlt, der Song hat etwas ganz Eigenes – futuristisch, metallisch, ein bisschen unheimlich. »Turn it up!«, sagt Ralph.

Die nächsten zweiundzwanzig Minuten waren eine Offenbarung. Ich war fünfzehn Jahre alt und hörte hauptsächlich Southern California Rock, wie Fleetwood Mac, Boz Scaggs oder Loggins & Messina. Doch das hier war a whole new ballgame, ätherisch, aber treibend, kalt und dennoch warm.

Ich schaue auf den Mittelstreifen der Route 6, wo die einzelnen Streifen genau im Takt der Musik unter unserem Auto verschwinden. Die Sonne scheint, es gibt kaum Verkehr, wir haben die Fenster heruntergekurbelt und lassen uns von der salzigen Luft durchpusten. Die Welt liegt vor uns und alles scheint möglich, während eine klare, deutliche Stimme singt: *»Fun, fun, fun on the Autobahn!«*

Wow! Es hat fast 30 Jahre gedauert, bis mir klar wurde, dass der Songtext zu Kraftwerks Elektropop-Meisterwerk nicht »fun, fun, fun«, sondern »fahr'n, fahr'n, fahr'n« lautet, und fast genau so lange, bis ich selbst auf der deutschen Autobahn gefahren bin.

Ich erinnere mich noch sehr gut an meine erste Fahrt. Ich befand mich in einem Zustand zwischen Panik und Ekstase. Fahren ohne Tempolimit! Amerikaner fahren nicht so schnell. Wir haben ein Tempolimit von 55 Miles per Hour. Umgerechnet für Deutsche ist das ungefähr das Tempo einer betäubten Schnecke beim Tai Chi – in Zeitlupe. Amerikanern bringt man bei, sehr defensiv zu fahren, so nach dem Motto: »Jemand wird höchstwahrscheinlich jeden Moment irgendetwas ganz grundsätzlich falsch machen, also pass bloß auf!«

Bei dieser ersten Fahrt war mir zwar ein wenig übel, aber mich faszinierte die deutsche Immer-gerade-aus-und-los-Mentalität trotzdem. Auf der Autobahn sind Deutsche wirklich frei. Alle Ängste, alle Hemmungen sind weg! Das Universum ist in Ordnung, und wir fahren alle gemeinsam nach vorn!

Manchmal, wenn Marian uns nach einer Show auf der A 24 zurück nach Berlin fährt, suche ich einen Radiosender, der vielleicht gerade Kraftwerk spielt. Und für einen klitzekleinen Moment bin ich zurück auf der Route 6, mit meinem Bruder am Anfang des Sommers, wo alles möglich scheint.

RÜGEN

Jenseits der Autobahn, auf der Landstraße meines Lebens, bin ich oft ungeduldig. Ich mache mir große Sorgen, dass mein Jumbojet-Triebwerk immer noch zu schnell läuft und irgendetwas Unvorhergesehenes passiert – Schlüssel vergessen oder das Handy. Oder ich merke erst an der Kasse, dass die EC-Karte im anderen Portemonnaie steckt. Scheiße! Genau in diesem Moment sagt der Bremer etwas wie: »Schritt für Schritt«. Ich könnte ihn schlagen. Noch nie in der Geschichte der Menschheit haben diese Worte in so einem Moment geholfen. Wenn jemand am Bahnticketautomat im Hauptbahnhof hinter mir »Immer mit der Ruhe« sagt, verwandle ich mich in Jack Nicholson in »The Shining«, durchgeknallt und unberechenbar, Feuer in den Augen und Schaum vorm Mund.

Wenn es ganz schlimm wird, gibt es für mich nur ein Gegenmittel: ab nach Rügen. Die flächengrößte Insel Deutschlands ist das beste Antidepressivum überhaupt. Sie ist abwechslungsreich, wunderschön und unprätentiös. Ich besuche die Insel seit über 20 Jahren, und es gibt immer noch etwas Neues zu entdecken. Bei meinem ersten Trip kurz nach dem Mauerfall bin ich durch den Wald nach Putbus geradelt und entdeckte auf einem bestickten Geschirrtuch im Fenster einer alten, verfallenen Ferienhütte den Satz: »Norden, Süden, Osten, Westen – zu Hause ist's am allerbesten.« Für einen Touristenort nicht unbedingt der beste Werbeslogan.

Es gibt noch einen spürbaren Nachgeschmack DDR auf Rügen. Seit Jahren wird spekuliert, ob Rügen das »Sylt des Ostens« wird, etwa so, wie der Berliner Wedding das neue Kreuzberg, Mario Götze der neue Beckenbauer oder Lanz der neue Kerner. Glücklicherweise ist das noch nicht passiert. Aber jetzt, wo das ehemalige KdF-Seebad Prora zu schicksten Eigentumswohnungen umgemodelt wird, die Unsummen kosten, ist es vielleicht nur noch eine Frage der Zeit.

Ich bleibe aber optimistisch und genieße meine persönliche Luftkur beim ultimativen Spaziergang: 8 Kilometer durch das Biosphärenreservat von Binz nach Sellin. Schön wie der Tanz durch ein Bühnenbild von Pina Bausch – die Ostsee auf der einen, der Deutsche Wald auf der anderen Seite. In der Ferne hört man manchmal das Tuten des Rasenden Rolands mit seiner Dampflok. Damit fahre ich zum Abendessen in mein Lieblingslokal mit einem leckeren Stück Ostseedorsch – unter der Kartoffelkruste.

BIRKENSTOCK

Wenn ich »Schritt für Schritt« vorgehen soll, dann bitte nur in einem Schuh: Birkenstock. Seit the Wechsel of my Jahre sind meine geliebten High Heels zu Arbeitsschuhen herabgestuft. Ich bin ein hardcore Birkenstock-Babe geworden – und ich bin nicht allein! Die Modewelt feiert die Rückkehr der Ökolatsche, es ist der Hipsterschuh par excellence.

Weltweit sind die Sandalen aus Nordrhein-Westfalen in demand. Seit 2013, als das französische Modehaus Céline, Supermodels in Birkenstocks auf den Laufsteg schickte, sind die Bestellungen bei Amazon UK um 95% gestiegen, und die Produktion in den USA kommt kaum hinterher. Ich las neulich *The New Yorker* und war überrascht, auf der dritten Seite eine farbige ganzseitige Anzeige zu sehen – ein klassisches Paar brauner Boston Sandalen in Großaufnahme und ganz klein am unteren Rand versteckt die Worte: Quality. Made In Germany.

KLASSIK

Beethoven. Bach. Händel. Brahms. Schubert. Mendelssohn. Schumann. Orff. Offenbach. Stockhausen. Noch Fragen?

CLAUS OGERMAN

An meinem vierzehnten Geburtstag schenkte mir meine Mutter den romantischsten Soundtrack ever: *The Way We Were*. Ich war verrückt nach dem Liebesfilm von Sydney Pollack aus dem Jahr 1973. *So wie wir waren* lautet der westdeutsche Titel. Barbra Streisand als jüdische Marxistin, Robert Redford als gut aussehender WASP und eine herzensbrechende Titelmelodie des Komponisten Marvin

Hamlisch. Das Epizentrum des Herzschmerzes aber sind die Streicher, arrangiert und dirigiert von Claus Ogerman. Ogerman (1935 in Ratibor geboren, in Nürnberg aufgewachsen und 2016 in München gestorben) war nur Insidern und Musik-Nerds als »The Man Behind the Music« bekannt. Seine phantastischen Arrangements sind bei some of the most beautiful Lieder in Pop, Jazz und R & B zu hören – von *It's My Party* von Lesley Gore bis zu *This Masquerade* von George Benson. Er war hip, crossover und multikulti, lange bevor es diese Bezeichnungen gab. Ultimativer Ausdruck von Eleganz und Romantik ist seine Zusammenarbeit mit der brasilianischen Komponistenlegende Antonio Carlos Jobim und hier besonders das Lied *Waters of March (Àguas de Março)*. Wenn ein einsames Cello zwischen Jobims Gitarre und seiner lebenserfahrenen Stimme einsetzt, ist das reine Schönheit und pure Freude. Quality. Made in Germany.

APOTHEKEN

Immer sauber, vertrauenerweckend schön und tausend kleine Schubladen voller Tropfen und Salben to pflege mich von Kopf bis Birkenstocksandalen. In Apotheken habe ich Heilmittel für Krankheiten entdeckt, I've never even heard of. Natürlich kennen wir in America drugstores, aber die sind kalt und unpersönlich und haben sich in riesige »Megastores« verwandelt, wo man neben Vitaminen und Kondomen auch Rasenmäher und Hundefutter findet. Ich mag das nicht. I want my Apotheke to be an Apotheke. Ich liebe es, mit einer wirklich schlimmen Erkrankung in die Apotheke zu gehen, zum Beispiel einem leichten Kater vom Vorabend, und eine Packung Aspirin plus C-Brausetabletten zu kaufen. Die freundliche Apothekerin zeigt auf einen schönen, klaren, vollen Wasserkrug und Gläser – aus Glas! – so that I can take my Drogen sofort. In den USA habe ich in einem stinknormalen Drugstore namens Walgreens versucht, ein einfaches Schmerzmittel für Nebenhöhlenprobleme, Advil Cold & Sinus, zu bekommen. Kaum hatte ich danach gefragt, verschwand der Verkäufer und kam mit dem Filialleiter zurück, der mich misstrauisch anschaute und nach meiner Wohnsitzbescheinigung für Massachusetts fragte. Anscheinend haben Crystal Meth-User diese Pillen als Streckmittel entdeckt, obwohl sie eigentlich völlig harmlos und rezeptfrei zu kaufen sind. Plötzlich war Walgreens das Labor von Walter White in *Breaking Bad*, und ich sehnte mich nach der Apotheke Zum goldenen Einhorn in Kreuzberg mit seiner Inneneinrichtung von 1896.

Auch mein Deutsch wurde durch die Apotheke vitalisiert. Ich bin abhängig von der *Apotheken Umschau*. Sie ist extrem informativ, umsonst und voller außergewöhnlicher Kreuzworträtsel. Die Lösungsworte sind sprachliche Herausforderungen, wie »Leistenbruch« oder »Leberzirrhose«. Harter, guter Stoff! Mein Deutschkurs per Kreuzworträtsel begann mit den Promis in der *Gala*, erklomm als nächste Stufe die *Apotheken Umschau* und ist mittlerweile in der

Abschlussklasse »Wochenendrätsel der Berliner Zeitung« gelandet. Wenn ich einmal die Antwort auf »Ungarischer Feldmarschall, geboren 1849« weiß, werde ich wahrscheinlich automatisch eingebürgert.

SONNTAG

Alle Geschäfte sind zu. Ich warte auf den Anruf meiner Mutter. Lindenstraße fängt an …

★ ★ ★ ★ ★ ★ ★ ★

11. THE DONALD

Seit einigen Monaten war ich noch unpünktlicher als sonst, weil so viele Menschen dringend mit mir über ihre Ängste, ihre Wut, ihre Verzweiflung – kurz: über IHN sprechen wollten.

In meinem Sportstudio, auf dem Wochenmarkt, im Wartezimmer des Frauenarztes, in der Sauna fühlte ich mich wie Dr. Ruth Westheimer, die nette, kleine, alte, deutsch-amerikanische Sexualtherapeutin. Nur, dass ich statt Vorstadtbewohnerinnen über Selbstbefriedigung aufzuklären, erläutern musste, wie ein pussy-grabbing, Auf-Prostituierte-pinkeling-Putin-Freund Präsident der Vereinigten Staaten werden konnte. Eine verdammt schwere Aufgabe, but somebody's gotta do it.

THE PEOPLE'S BILLIONAIRE

Wir Amerikaner vertrauen Washington überhaupt nicht. Und ein Washington-Insider ist für viele Wählerinnen und Wähler das größte aller Übel. Als eine 1960 geborene Amerikanerin, die im korrupten Schatten von Vietnam,

Watergate, Iran-Contra und zwei Golfkriegen groß geworden ist, konnte ich diese Skepsis gut verstehen.

Viele Politiker wirken eher wie Agenten der Waffen- oder Gesundheitslobby als wie gewählte Volksvertreter. Dennoch war ich der Meinung, dass Kompetenz nicht zu verachten ist. Wenn ich eine Herz-OP brauche, gehe ich ja auch nicht zum Bäcker, nur weil der garantiert nicht mit der korrupten Gesundheitslobby unter einer Decke steckt. Wenn mein Haus brennt, rufe ich die Feuerwehr an, nicht Udo Walz.

Aber die Wähler und Wählerinnen wollten die »Outsider Revolution« – sie misstrauten dem eigenen Staat und seinen Institutionen und suchten nach unkonventionellen Lösungen – wie die rechtspopulistische, neokonservative Tea-Party-Bewegung und Donald Trump.

Trump einen Außenseiter zu nennen, ist natürlich absurd – er ist ein Multimilliardär! Aber viele sahen ihn als The People's Billionaire, ein Antiheld wie Robin Hood oder Billy the Kid. Keine blasse Ahnung wie Politik funktionierte, aber das störte ihn nicht. He doesn't give a fuck und seine Anhänger auch nicht.

Hauptsache er schaffe Jobs – Jobs, die es seit Jahren nicht mehr gab, weil ganze Industrien untergegangen oder die Produkte durch den technologischen Fortschritt überholt sind. Bergbau, Autos mit Verbrennungsmotor, Polaroidkameras, Schreibmaschinen, Postkutschen, Ritterrüstungen – wenn Trump sagte, dass er sie zurückbringen wolle, dann würde er das auch tun! Nicht, weil er einen gut überlegten, sauber ausgearbeiteten ökonomischen Plan hätte, nein, wer braucht denn sowas? The Donald did it on TV, und so machte er es jetzt auch aus Washington für seine Fans.

DONALD T. TRIFFT DIETER B.

Trump ist zwar auch Immobilienmogul, Casinobesitzer und besitzt die Rechte an Schönheitswettbewerben, aber für viele Amerikaner war er in erster Linie ein TV-Star – der Moderator der Reality-TV-Show *The Apprentice* (Der Lehrling), ein wöchentlicher Quotenhit von 2004 bis 2015. Jede Staffel war wie ein 13-wöchiges Vorstellungsgespräch bei Trump – dem gemeinsten Chef der Welt. Woche für Woche demütigte er die Kandidaten so lange, bis die Show mit der Entlassung eines Kandidaten ihren sadistischen Höhepunkt erreicht hatte. Trump rief dann vergnügt: »You're fired!«

Erster Preis war die Chance, ein Jahr für Trump arbeiten zu dürfen.

Die Sendung war Schadenfreude pur.

Als Ableger dieser Sendung gab es noch eine Steigerung: *Celebrity Apprentice,* wo B-Promis wie LaToya Jackson und Meat Loaf miteinander stritten, wer von Trump erniedrigt werden darf. In der Jury von *Celebrity Apprentice* saßen seine Kinder Eric, Donald Jr. und Ivanka – heute seine wichtigsten Berater im Weißen Haus. Hey, er ist nicht nur ein Wirtschaftsgenie, er ist außerdem ein Family Guy!

Auch in Deutschland hat der Trump-Clan jede Menge Fans. Die *Gala* druckte Fotos von Ivanka, der nicht gewählten, unqualifizierten Präsidententochter in ihrem Büro im West Wing des Weißen Hauses. Sie beschrieb sie als »dreist, aber auch ganz cool!«

Ich selber hätte niemals gedacht, dass ich einmal eine E-Mail wie die folgende bekommen würde, weil ich Trump als eine Mischung aus Dieter Bohlen, Dagobert Duck und einem Pegida-Anhänger beschrieben hatte:

Am Freitag, 28.10. sind Sie mir in der Talkshow begegnet. Natürlich beschäftigt uns alle die bevorstehende Wahl in Amerika. In diesem Zusammenhang haben Sie Herrn Trump mit Herrn Dieter Bohlen »verglichen«. Ich muss Ihnen sagen, darüber habe ich mich sehr, sehr geärgert. Was hat Sie dazu veranlasst, warum stellen Sie unseren Dieter Bohlen auf dieses Niveau? Was wissen Sie über Herrn Bohlen, dass Sie sich so abwertend über ihn im öffentlichen Fernsehen äußern? Ich bin der Meinung, dass es unverschämt von Ihnen war. Sie sollten besser vor Ihrer eigenen Tür kehren.

Und das war noch eine der höflicheren Nachrichten, die an mich geschickt wurden.

»He's politically incorrect! Er sagt, was er denkt!«, verteidigen ihn seine Fans, aber was er sagt, ist ausgrenzend und beleidigend, aufrührerisch und uninformiert. In seinen Botschaften – zumeist nachts aus seinem Luxusresort in Florida getwittert – denunziert er die freie Presse, Richter, die nach Gesetz entscheiden, Alec Baldwin, Staatschefs ehemals befreundeter Länder, ganze Bevölkerungsgruppen, Mexiko und Meryl Streep. In der Folge trauen sich nun auch viele seiner Sympathisanten an die Öffentlichkeit. Die folgenden Posts bekam ich auf Facebook:

If I have to decide between Donad Trump and you,
I think that YOU are the asshole.

Schäme dich für das was du auf Phoenix sagst. Das ist gibt
für das deutsche Volk.
(Die Schreibfehler habe ich mir nicht ausgedacht.)

UN-HAPPY MEAL

Donald Trump wants to make Amerika great again – so sein Wahlmotto, mit der Betonung auf again. War früher alles besser? Für wen?

Neun von zehn Trump-Wählern sind white working class – weiße Arbeiter, mit niedrigem Bildungsstand und geringer beruflicher Qualifikation. Genau diese Bevölkerungsgruppe befindet sich zurzeit in der Krise.

Zum ersten Mal sind in den USA weiße Christen nicht mehr in der Mehrheit. Industriejobs fallen weg oder werden in Länder verlegt, in denen die Produktionskosten niedriger sind. Viele Menschen haben mehrere Minijobs für den Mindestlohn von $7.25 pro Stunde.

$7.25!

Das ist der Preis eines Venti Frappucino bei Starbucks.

Kein Wunder, dass viele Bürger wütend sind. Ich warte auf das neue McDonald's Un-Happy Meal: Supersize Coca-Cola, Pommes and a Wutbürger.

Ist der amerikanische Traum ausgeträumt?

Für viele ist Trump die Personifikation des Mythos »Vom Tellerwäscher zum Millionär«. Aber er selber hat nie einen Teller gewaschen. Er hat sein Vermögen geerbt. Außerdem gibt es in Amerika keine Teller mehr zu waschen – alles ist aus Plastik und wird weggeworfen.

FIRST LADY TO GO

Wer hätte gedacht, dass die Klügste in dieser Die-Geissens-go-Washington-Geschichte Melania ist?

I'm not saying that having a Vagina makes you automatisch intelligenter, vernünftiger oder zu einem besseren Menschen – Margaret Thatcher, Marine Le Pen und Frauke Petry sind perfekte Gegenbeispiele –, aber Melania scheint der einzige Mensch in diesem Horrorzirkus zu sein, der ein bisschen gesunden Menschenverstand besitzt. (Vielleicht, weil sie nicht in Amerika geboren wurde?) Denn die First Lady weigert sich, im Weißen Haus zu wohnen – sie lebt 500 Kilometer entfernt in New York City.

Brava!

Wenn Donald Trump mein Mann wäre, würde ich auch ganz weit weg wohnen.

SHUT THE FUCK UP

I'm out on the street everyday
I can hear all that you say
Babbeling shit into your phone
What do you think you're alone?
Facebook and Twitter, Instagram too
Everything's all about you
All of your likes, and what you eat
As if my life's incomplete
Ohne Dich und Dein Meinung
I got one thing to say:

Shut the fuck up!
You Egoisten, all you Exhibitionisten
All the Kim Kardashianisten yes and Kanye too
Oh die Welt ist zu prekär now
For you in your underwear now
It's an Ablenkungsmanöver
Only one thing to do

Zip the lip und halt die Fresse bitte I'm asking you to
Shut the fuck up!

Hey USA, you were my home
Now you're a dangerous zone
Too many guns, way too much hate
Zu viel Negativität
Wake us all up, we're in a slump
And when I see Donald Trump
Mir wird schlecht I'm so afraid
I'm gonna start a parade
Say it loud, say it proud
With the whole world today:

Shut the fuck up!
You Idioten
All you Pseudo-Patrioten
All you Diktator-Devoten this song is for you!
All the Birthers and the Hoarders
Those who want to close the borders
All you AfD supporters
Only one thing to do
Zip the lip und halt die Fresse bitte I'm asking you to
Shut the fuck up!

Shut the fuck up
All you Rassisten, all the stupid Pessimisten
All the fucking Terroristen, hey fuck you!

Neonazis und Pegida
David Guetta, Justin Bieber,
Oh the world would be much sweeter
Just mach die Klappe zu
Zip the lip und halt die Fresse bitte I'm asking you to
Shut the fuck up!

★ ★ ★ ★ ★ ★ ★ ★ ★ ★ ★ ★ ★ ★ ★ ★ ★

12. GERMANYS NEXT TOP-WORTE

CHILLEN AM PHONE ODER ONLINE

Es gibt viele englische Wörter in der deutschen Sprache, denen sehr schnell eine unbefristete Aufenthaltsgenehmigung gegeben wurde. Wörter, die Deutsche ganz selbstverständlich benutzen, ohne darüber nachzudenken. Sie vereinbaren am Smartphone das nächste Meeting, um in einem Workshop ein Event zu planen, ein Brainstorming hilft dabei bestimmt. Sie verabreden ein Date über die Online-Single-Börse, surfen am Computer im Internet oder lesen den neuesten Bestseller in der Chill-Out Lounge des Beach Clubs.

VON AFTER BIS ANTI

Mir kommen manche englischen Worte spanisch vor. Als jemand mich zum ersten Mal zu einer After-Show-Party einlud, hab ich mich schnell umgedreht, um zu sehen, was er von mir wollte. After, really?

Fingerfood finde ich auch heute noch ziemlich kannibalistisch, und der Begriff Anti-Aging macht mir regelrecht Angst. Die eigentliche Bedeutung von Anti-Altern ist doch:

Sterben. Warum sollte ich viel Geld für eine Creme ausgeben, die das mit mir macht?

SCHEIN, PSEUDO, FALSCH, FAKE

Die merkwürdigsten Begriffe sind für mich aber die Wörter, die jeder Deutsche für Englisch hält, die aber kein native-english-speaker verstehen würde. Englisch klingende Wörter, die aber nur im Deutschen einen Sinn ergeben. Hier sind meine very favorite Schein-Anglizismen.

HANDY: PRAKTISCH, NÜTZLICH, GESCHICKT, BEQUEM, HANDLICH

Am häufigsten ist das Wort Handy. Wahrscheinlich meint es etwas Kleines, das gut in der Hand liegt. Das erinnert mich immer an den Otto Waalkes-Witz: English for Runaways – Englisch für Fortgeschrittene. Im Original heißt es cell phone oder mobile phone.

SCHÖNE LEICHE

Wenn jemand im Englischen von »Public Viewing« spricht, ist das ein sehr trauriger Anlass. Denn er meint, dass ein toter Köper im offenen Sarg aufgebahrt wird. Während der

Live-Übertragung des WM-Endspiels am Brandenburger Tor kann man sich das nur schwer vorstellen.

VON GOTTSCHALK BIS GYMNASIUM

Der deutsche Talkmaster trägt bei der Castingshow vielleicht einen Smoking, nachdem er sein Sixpack im Fitnessstudio trainiert hat. Amerikaner würden bei diesem Satz nur chinesisch verstehen, denn dort trägt der Host einen Tuxedo, um die Talent-Show zu moderieren. He works out his Abs in the Gym – voll ausgeschrieben: Gymnasium.

AN DIE WAND GEFAHREN

Ein Beamer ist auf Deutsch ein Videoprojektor. Für uns ist das eine Bezeichnung für ein Auto von BMW. Wenn man bei einer Tagung einen amerikanischen Kollegen bittet, einen Beamer zu beschaffen, wird er sich bestimmt wundern und erst einmal empfehlen, einen Kredit aufzunehmen. So ein Gespräch hätte bestimmt kein Happy End, denn auf Englisch it's a Happy Ending.

DRUNTER UND DRÜBER

Ein Dressman führt manchmal Bodywear vor, vielleicht trägt er auf dem Catwalk auch einen Overall und ein Basecap. In der englischen Version von *Germany's Next Top Model* würde Heidi Klum diese Begriffe bestimmt nicht verwenden. Dort gäbe es nur ein Male Model, das Underwear vorführt, vielleicht Overall<u>s</u> und ein baseball cap trägt. Und nach der TV-Show gäbe es als Belohnung bestimmt kein Peeling. Denn das ist ein Body-Scrub.

UND JETZT ALLE:

Im Englischen is the Callboy ein gigolo, the Evergreen ein golden oldie, and the Hotelboy ist ein bellboy. Oldtimer sind Vintage Cars, Mobbing is bullying and nobody goes jobben, they go to work!

Auch Shitstorms, Discounter, Pullunder und No-Gos sind deutsche Erfindungen.

Ein Twen existiert nur in Germany, genau wie Hometrainer. Die Musikbox ist eigentlich a Jukebox und der erfolgreiche Longseller ist a steady seller.

Für mich hat der Umgang mit Wörtern nicht nur mit deren Bedeutung zu tun, sondern auch mit Sinnlichkeit, mit deren Klang und Musikalität und mit Humor.

Vor Jahren traf ich bei einem Aufenthalt in New York zufällig eine befreundete Fernsehproduzentin. An einem überraschend sommerlichen Frühlingstag schlenderten wir durch die Straßen Manhattans, als wir an einem Ice-Cream-Truck vorbeikamen. Meine Freundin ist eigentlich sehr diszipliniert, konnte aber den wirklich lecker aussehenden Süßigkeiten bei der Wärme doch nicht widerstehen. Ich werde nie das Gesicht des Eisverkäufers vergessen, als sie ihn in ihrem besten Englisch fragte: »Do you have small balls?«

★ ★ ★ ★ ★ ★ ★ ★ ★ ★ ★ ★ ★ ★ ★ ★ ★

13. AUFGEPASST, KONRAD DUDEN!

Es gibt nicht nur Wörter, die sich ohne Sinn und Verstand im Deutschen eingenistet haben – manche existieren noch gar nicht. Da ich als alte Streberin aber schon einmal recherchiert habe, kenne ich jetzt schon unsere nächsten hot-shit-Fremdwörter.

Neulich saß ich im Flugzeug nach Wien bei Air Berlin, dem FlixBus der Luftfahrtbranche: Sitzplätze so groß wie Briefmarken, Sauberkeit wie am Times Square 1972 und eine Cabin Crew mit dem Charme eines Berliner Taxifahrers.

In der Reihe vor mir saß ein Passagier, Anfang vierzig, Typ Cabriolet-fahrender-Blondinen-vögelnder-Jürgen-Drews-Doppelgänger. Er hatte die Reihe am Notausgang gebucht, die Air Berlin jetzt als XXL Comfort Seats verkauft. Als kurz nach dem Take-Off das Fasten-Seat-Belt-Zeichen erlosch, klappte ich die Ablage vor mir herunter, um an meinem Laptop zu arbeiten. Jürgen aber hatte noch nicht genug Sitzkomfort und stellte seinen Sitz so weit zurück, dass mein MacBook meinen Solarplexus durchbohrte und ich kaum noch atmen konnte.

»Entschuldigung!«, sagte ich, stimmlos, aber freundlich. »Das ist so ein kurzer Flug, und es ist so eng hier. Wäre es möglich, dass Sie wieder ein bisschen nach vorne rücken? That would be fantastic!« Er zog seinen Ed-Hardy-Hoodie über den Kopf, brummte in einem dicken bayerischen Akzent etwas, das nach »Ach, noi« klang, und lehnte sich genüsslich noch ein Stückchen weiter zurück.

In den USA nennen wir dieses Phänomen »manspreading«, die Angewohnheit mancher männlicher Fahrgäste im öffentlichen Personennahverkehr die Beine im Sitzen so weit wie möglich zu spreizen und dadurch so viel Platz, wie es nur irgendwie geht, einzunehmen. »Manspreading« kommt von den englischen Wörtern »man« und »spreading«. Ein Mann spreads himself – breitet sich unabsichtlich aus –, obwohl die Bewegungsfreiheit der Sitznachbarn eingeschränkt wird, weil sein natürlicher Körperbau so viel Freiraum braucht. Der natürliche Körperbau meines Sitznachbarn Jürgen verlangte wirklich nicht so viel Platz, I checked it out.

Air Berlin sollte sich die New Yorker Metropolitan Transit Authority zum Vorbild nehmen. In jüngster Zeit hängen in Bussen und Bahnen Benimmhinweise gegen »manspreading«, Schilder mit der Botschaft: Dude … Stop the Spread, Please!

Es gibt auch das Phänomen »mansplaining« from the Worte »man« und »explaining«. Männer erklären Frauen Dinge, die

Frauen schon wissen. Allerdings bin ich zu höflich, um zu sagen that I already fucking know die Geschichte von *Batman gegen Superman* because »wir haben den Film zusammen im Kino gesehen, du Depp!«

Ich glaube in Deutschland nennt man dieses Phänomen »Dieter-Nuhr-Syndrom«.

Als weitere sprachliche Finesse wird man in den USA »manterrupted«. Von »man« und »interrupted«. Mann und unterbrochen. Im Deutschen könnte man sagen: »Ich wurde schon wieder mannterbrochen!« Jede Frau, die irgendwann einmal versucht hat, eine Anekdote aus dem letzten gemeinsamen Urlaub zu erzählen, ein Problem mit dem Auto zu schildern oder schlicht einen Satz vollständig zu Ende zu bringen, weiß genau, was ich meine!

Manchmal erzählen Männer Dinge, die Frauen überhaupt nicht wissen wollen. Ich nenne das »Mannarschung« – von »Mann« und »Verarschung«. »Es war nur dieses eine Mal!«, »Sie bedeutet mir überhaupt nichts!« oder »Bleib ruhig!« sind Mannarschungs-Greatest Hits.

★ ★ ★ ★ ★ ★ ★ ★ ★ ★ ★ ★ ★

14. LET'S GET DEUTSCH!

Im Taxi zum Flughafen Newark hatte ich einen letzten sensationellen Blick auf Manhattan. Die Insel mit ihrer bombastischen Schönheit schaute mir trotzig hinterher, ein ruppiger Kuss, bevor wir uns voneinander verabschiedeten. Ich fuhr allein zum Flughafen, Lucy hatte zu tun, es war ein Arbeitstag, Annabel musste zur Schule, niemand sonst hatte Zeit – life goes on. In New York bin ich eine Besucherin geworden, I'm not native anymore. Als ich noch dort lebte, gab es ein T-Shirt mit der Aufschrift: »When You Leave New York, You Ain't Goin' Nowhere.«

Das ist die schnoddrige Egozentrik eines jeden New Yorkers, der davon überzeugt ist, seine Stadt sei die erste Adresse weltweit.

Diese Megametropole ist so überwältigend und wahnsinnig, so wundervoll und teuer, so dreckig und einmalig und einmalig anstrengend, dass man sich täglich wieder neu von der Entscheidung überzeugen muss, dort leben zu wollen. Am besten geht das mithilfe eines teuren Therapeuten, der selbst auch einen Therapeuten hat, der ihn täglich überzeugt.

Leider teilen viele Amerikaner diesen isolationistischen Weltblick. Trumps »America First«-Wahlspruch findet schockierend viel Resonanz. Fuck den Rest der Welt, Amerika zuerst!

Bei der Demo für Pressefreiheit kam eine Gruppe von fünfundzwanzig dicken Touristen in Shorts, Turnschuhen und »Make America Great Again«-baseball caps vorbei, ausgewachsene Kleinkinder, freigelassen in the Großstadt. Sie sahen unsere Schilder und fingen an USA! USA! zu skandieren. Ich hätte ihnen gerne erklärt, dass wir genau deswegen demonstrierten, für den Schutz der Grundrechte, die America great gemacht hatten, aber mein Mund war zugeklebt.

BORN TO RUN

Im Taxi schaute ich auf die hässliche Industriebrache neben der Turnpike Richtung Newark und dachte an Bruce Springsteen – Rockstar, Aktivist, poet of the people, the Goethe of New Jersey.

»*Tramps like us, baby, we were born to run*«, sang er, ein Amerikaner, der Wanderlust (und meine Seele) versteht. Bruce lebt noch in New Jersey, aber ich musste jetzt los. Ich wollte in meinem eigenen Bett schlafen, in meinen eigenen Alltag zurückkehren, und der findet jetzt in Deutschland statt. Mein Leben, mein Job, meine Freunde, mein Bremer – alles dort. Seit 25 Jahren zahle ich meine Steuern, für meine Rente und meine Krankenversicherung in Deutschland.

Ich habe eine tolle Wohnung in einem Stadtteil namens Beauty Mountain. Ich darf in tollen Theatern auftreten. Ich wurde plötzlich sentimental und extremely dankbar für mein Leben – ich hatte Heimweh! Nach Deutschland! Eine Welle von Vorfreude wärmte mein Herz. Vielleicht war es aber auch nur die Wirkung des leckeren Grünen Veltliners, den ich in der Flughafen Lounge schnell hinuntergestürzt hatte.

Auf jeden Fall war es Zeit, die Nabelschnur abzutrennen und neue Wurzeln zu schlagen.

It was time to get Deutsch.

TRUMP BUMP

Leider ist mein Timing nicht so toll. Ziemlich viele Amerikaner wollen momentan auswandern, besonders nach Kanada, wo es wunderschöne Natur, Ahornsirup und Justin Trudeau gibt. Es haben so viele Amerikaner in der Wahlnacht im November die Canadian Immigration Website besucht, dass sie zwei Stunden, nachdem der Wahlausgang feststand, abgestürzt ist. Im Jahr 2016 stieg die Zahl der amerikanischen Auswanderer um 26%, der sogenannte Trump Bump.

Auch in Deutschland leben so viele amerikanische Staatsbürger wie nie zuvor. 111000 US-Amerikaner sind es offiziell. Die treffen sich in Berlin wahrscheinlich mit all den

Briten, die nach dem Brexit dort hingekommen sind. Es gibt Stadtteile, wo ich mit niemandem mehr Deutsch reden kann.

Als ich ins Flugzeug stieg, griff ich intuitiv nach einer *Süddeutschen Zeitung*. Es tat meinen Augen wahnsinnig gut, Schlagzeilen auf Deutsch zu lesen. Allein das Wort »Feuilleton« war prickelnd und beruhigend zugleich. Mein Bremer liebt die *Süddeutsche* – besonders die Wochenendausgabe. Er liest mir oft und gerne aus der Zeitung vor, lange, ausführliche Artikel. Das dauert. Manchmal mache ich währenddessen ein kleines Nickerchen, gucke eine Folge Greys Anatomy oder gehe kurz spazieren – and when I come back, er ist immer noch beim Vorlesen. Nach Take Off und Abendessen, als die Cabin Crew die Beleuchtung dimmte, stellte ich mir vor, wie der Bremer mir leise die ganze *Süddeutsche* vorliest. Ich schlief sofort ein.

BREMER ROMANTIK

Zu Hause wurde ich mit Blumen, heißem Friesentee und einem Elstar Apfel empfangen. »Bleib wach!«, lautete seine Begrüßung, »Fight the Jetlag!«, und als er mich umarmte, dachte ich nicht zum ersten Mal: Das ist Bremer Romantik.

Ich hatte diesen Pragmatismus und die Bodenständigkeit vermisst. Trotz Jetlag und meines etwas vernebelten Zustands wurde mir am nächsten Morgen etwas immer klarer.

»I want to do it« sagte ich.

»Tu what?«

»Get Deutsch! I want the deutsche Pass. Ich will wirklich hier sein. Ich möchte wählen gehen. Ich möchte nicht nur Steuern zahlen, sondern auch mitbestimmen, was mit dem Geld geschieht. Ich will deutsche Politiker nicht nur in Talkshows treffen, ich möchte sie bestimmen können. I want to stop the fucking Populismus.«

»Sollen wir es machen?«

Ich bin seit zweiundzwanzig Jahren mit meinem »Mann« zusammen, aber offiziell sind wir nicht verheiratet. Der Bremer is not a big Hochzeitsfan, er findet das ganze Getue bieder und bourgeois. Er sagt: »Unsere Liebe braucht keine staatliche Bestätigung.« I say: »Think of the Geschenke.«

Trotzdem stelle ich ihn immer als meinen Mann vor – alle anderen Bezeichnungen sind falsch und klingen doof. I am too old for a »Boyfriend« und zu jung für einen »Gefährten.« »Liebhaber« klingt schmuddelig und »Begleiter«, als ob ich ihn gemietet hätte. »Partner« ist zu geschäftlich und »Lebensabschnittsgefährte« so romantisch wie Hautausschlag. Deutsch ist eine very sexy Sprache: »Gatte« klingt wie eine Krankheit. »Ooh – ich habe eine ganz schlimme Gatte«, »Sorry, ich kann nicht kommen, die Gatte hat mich voll erwischt.« »Ehegatte« ist nicht viel besser und »Ehegattensplitting« muss etwas sehr Brutales sein.

Vielleicht werden wir irgendwann doch noch heiraten, aber nicht nur deshalb, weil ich deutsch werden will – das kriege ich schon selber hin. »Sollen wir es machen?« ist außerdem ein bisschen karg, as far as Heiratsanträge go. Also rief ich meine Steuerberaterin an, und sie gab mir die Empfehlung für eine Rechtsanwältin, die auf Einbürgerungsrecht spezialisiert ist. Ich machte einen Termin.

BÜRGERAMT

Wir trafen uns in der Staatsangehörigkeitsbehörde Schöneberg. (Ich finde, wer das fließend fehlerfrei aussprechen kann, sollte automatisch eingebürgert werden.) Ich war ein bisschen nervös. Das Rathaus Schöneberg ist imposant und bedeutsam, deutsch-amerikanische Geschichte pur. Von meinem Balkon aus kann ich das Berliner Wappen sehen, den aufrecht stehenden Bären auf der Fahne am Glockenturm – der wehende Bär. Im Viertelstundentakt höre ich die Freiheitsglocke läuten, ein Geschenk der amerikanischen Bevölkerung an Westberlin. Jeden Freitag, wenn ich zum Wochenmarkt radele, denke ich an Kennedy und die halbe Millionen Berliner, die in den Straßen Schönebergs standen, um den jungen Präsidenten zu sehen und ihm und seiner Freiheitsbotschaft zuzujubeln. Im Empfangsbereich des Rathauses sah es immer noch so aus, als ob Willy Brandt mich persönlich begrüßen würde.

Glücklicherweise war der Beamte im Einbürgerungsbüro ein freundlicher, easy-going, gutaussehender Mann Mitte 40, irgendwie norddeutsch, mit dickem Rollkragenpullover und Jeans. Er war offensichtlich ein Comedy-Fan, hatte eine signierte Autogrammkarte von Dieter Nuhr an der Pinnwand hinter seinem Schreibtisch und den Spruch: »Wenn man keine Ahnung hat: einfach mal die Fresse halten.« Daneben ein Bild von Frau Merkel und ein Plakat von Homer Simpson. Ich gab ihm meinen Einwohnermeldeschein, mein Antragsformular und ein Passfoto. Dann erklärte er mir, was ich noch beschaffen müsse: eine beglaubigte Geburtsurkunde, den Mietvertrag, einen Steuerbescheid aus dem letzten Jahr und einen Nachweis über meine Kenntnisse der deutschen Sprache. Gut, dass ich fünfundzwanzig Jahre gewartet hatte.

Ich bekam auch noch Hausaufgaben: Ich sollte einen Brief mit den Gründen meiner Entscheidung, die deutsche Staatsbürgerschaft anzunehmen, verfassen und einen Termin für den Einbürgerungstest machen – dreiunddreißig Fragen über deutsche Geschichte und Gesetze, die deutsche Regierung, deutsche Sitten und Gebräuche. Zur Vorbereitung schlug er ein Onlineportal mit Probefragen vor: www.deutsch-werden.de.

Es ging alles sehr schnell, dabei gab es doch so viel zu erzählen! Dass diese Entscheidung mir nicht leichtgefallen war, dass meine American Citizenship immer ein Teil meiner Identität bleiben würde, dass ich mein Leben in Deutschland schätze und es als Privileg verstehe, eingebürgert zu werden. Ich wollte ihm versichern, dass ich wirklich deutsche Dinge tue: Ich trage Hausschuhe, ich bin Mitglied in einem Verein, ich war sogar schon auf Mallorca, und wenn ich ins Ausland fahre, vermisse ich gutes deutsches Brot. Aber die Zeit war um, der nächste zukünftige Inländer wartete schon.

LET'S GET DEUTSCH!

Als die Streberin, die ich bin, ging ich sofort online. Im letzten Jahr habe ich bei der ARD-Quizshow gefragt-gejagt €50 000,– für einen guten Zweck gewonnen. Ich wusste, dass mit Chuzpe und guter Vorbereitung der ganz große Coup möglich ist. Ich hatte sogar Spaß beim Beantworten der Fragen. Der Text erinnerte mich an meine deutsche Führerschein-Theorieprüfung und die anscheinend nutzlosen Fragen über Bremswege und Anhängerkupplungen. Lauter Informationen, die man wahrscheinlich nie brauchen würde, aber vielleicht doch wissen sollte. Ich habe dem Bremer, Marian und meinem Techniker Max aus Köpenick – alles Deutsche mit Abitur! – ein paar Testfragen vorgelesen, und sie hatten keine Ahnung. Wer schrieb den Text der Nationalhymne? Für wie viele Jahre wird der Bundesrat gewählt? Gehört ein Richter/eine Richterin in Deutschland zur vollziehenden Gewalt, zur Recht sprechenden Gewalt, planenden Gewalt oder gesetzgebenden Gewalt?

Ich möchte jetzt eine Gameshow ins Leben rufen – Let's Get Deutsch! Wir machen den Einbürgerungstest live mit einer glamourösen Promijury: Motsi Mabuse, Jorge Gonzalez, Franck Ribery und icke. Günther Jauch moderiert. Es gibt nicht nur Fragen, sondern auch Schlag-den-Raab-esque Aufgaben wie Gartenhecken schneiden, Maultaschen stopfen, Flaschenpfand richtig zuordnen, meckern in jeder Situation, und – natürlich! – auswendig »Atemlos« singen. Am Ende bekommt der Sieger einen Pass, und ein weiterer darf mit dem Publikumsjoker noch einmal wiederkommen.

EIN STÜCK PAPIER

Am Schreibtisch sortierte ich meinen Papierkram, alle notwendigen Dokumente im Original und als Fotokopie, steckte sie in Klarsichthüllen, chronologisch und alphabetisch geordnet. Ich heftete sie in einem neuen Leitz-Ordner ab, auf dem Ordnerrücken ein ausgedrucktes Schild mit dem Wort: EINBÜRGERUNG. Ich fühlte mich sehr deutsch.

Ich hatte meine beglaubigte Geburtsurkunde in der Brockton City Hall abgeholt, das war nur ein zwanzigminütiger

Abstecher zwischen Cape Cod und New York gewesen. Bis jetzt hatte ich sie mir nicht genau angeschaut. Nun nahm ich sie in die Hand und hatte Schwarz auf Weiß den Beweis, dass ich existierte: Gayle Kathleen Tufts, geboren 17. Juni 1960 in Brockton, Massachusetts, mit den Namen meiner Eltern und einer Adresse, unter der ich seit 40 Jahren nicht mehr zu erreichen bin. Meine Herkunft auf einer offiziellen DIN A4-Seite. Daneben lag mein amerikanischer Pass mit seiner unverkennbaren dunkelblauen Lederhülle. Dieses Büchlein wird mir immer viel bedeuten, aber macht es einen Unterschied, ob mein Pass blau ist oder rot? Werde ich dadurch zu jemand anderem? Ein Stück Papier definiert nicht, wer ich bin, und spätestens, wenn ich den Mund öffne, weiß jeder, dass ich eine American Woman bin.

Ich steckte den Ordner in meine Tasche, trug etwas Lippenstift auf und ging zur Tür. In der Volkshochschule Schöneberg hatte ich 33 Fragen zu beantworten.

DANKE/THANK YOU!

In the words of Hillary Clinton: »It takes a village.«

Dieses Buch wäre nicht möglich, ohne die redaktionelle, dramaturgische und seelische Unterstützung von Lutz Gajewski und Matthias Frings – a Doppelpack of Geistesblitz und Gutdeutsch. Neverending thanks to you both for your Intelligenz, Kreativität und Inspiration.

Herzlichen Dank an meinen Songwriting-Bühnen-und-Travelling-Partner Marian Lux für Unterstützung, Perspektive und Soul Food.

Danke an mein n-tv-American-Woman Kolumne-Team: Andreas Bremer – Kameramann Extraordinaire, Stefan Reinberger – Outfits und Supervision, und Philipp Elgert – Multi-Assistenz.

Danke an n-tv, besonders Hans Demmel, Sonja Schwetje, Tilman Aretz und Frieder Weiß for the oppourtunity, support und Zusammenarbeit.

Thank you Robert Recker for your beautiful photography!

Danke an Nordwest Radio/Radio Bremen.

Love and thanks to my Superwoman-Show-Crew: Luke Giacomin, Carl Richardson, Sarunas Kirdekas, Martin Krause, Emil Sawan-Montag, Jörg Surrey, Sven Herzel, Max Berthold. Ihr seidt Superhelden!

Besonderen Dank an meine Friends and Family, on both sides of the Atlantik, who keep me hangin' on: Lissy Schonhauer-Schutz, Stephanie Wilke, Jens Balzer, Mike Iverson Jr., Barbara Spitz, Petra Torky, Thomas Schrode, Judy and Bill Grossman, Elena Schaaf-Brandes, Michael Dixon, Eric Lee Johnson, Familie Hermanns, Mary Ann Tufts, Anna Kohler, Lucy Sexton, Annabel Sexton-Daldry, Lori E. Seid.

Very special thanks to meine Lektorin Anne Sudmann, für Feingefühl und faith. Und a great big Dankeschön an Gunnar Cynybulk, für jahrelange Begleitung und Begeisterung.

For the Bremer.

ANMERKUNG

Das auf Seite 67 zitierte Lied Empire State of Mind stammt von Jay Z feat. Alicia Keys, 2009.

Das auf Seite 120 zitierte Lied »*Du hast mich tausendmal belogen*« stammt von Andrea Berg, 2006.

Die auf Seite 193 abgebildeten Zitate wurden auf meine Facebook-Fanseite gepostet. Ich habe sie wörtlich und ungekürzt in den Text übernommen.

INHALT

Tufts, Gayle
American Woman
How I lost my Heimat and found my
Zuhause. Gelesen von Gayle Tufts
ISBN 978-3-945733-26-4

»Sonderklasse!« DER SPIEGEL

Gayle Tufts beobachtet mit scharfem Blick und schreibt mit viel
Humor und Verstand nicht nur über ihr Leben als Amerikanerin
in Deutschland, sondern auch über ihre alte Heimat – über Alltag
und Absonderlichkeiten im Land der unbegrenzten Möglichkei-
ten. Hochaktuell und mit den besten Stücken aus ihrem neuen
Bühnenprogramm.

© Robert Recker

»Diese Frau weckt dieses gewisse Rotwein-
gefühl: ein bisschen trunken, ein bisschen
traurig und dabei unendlich selig.«
SÜDDEUTSCHE ZEITUNG

LESEPROBE

THE SWEETEST TABOO

Ich bin in den Wechseljahren.

Das ist der un-sexiest Satz aller Zeiten. Der Klang allein: WECHSELJAHRE. Was für ein Begriff! Es hört sich an, als ob etwas ersetzt wird. Die Reifen bei Sebastian Vettel oder ein erfolgloser Stürmer nach 70 Minuten. Ich bin ausgewechselt – und das sogar jahrelang.

Es ist das letzte Tabu. Heute kann man über alles öffentlich plaudern: »Hallo! Ich bin eine transsexuelle Gummifetischistin und treibe gerne Rollenspiele als Dschihadistin bei World of Warcraft!« – »Oh, sehr interessant, da lernst du doch bestimmt interessante Menschen kennen, oder?!«

Wenn ich erzähle, dass ich in den Wechseljahren bin, ist das Gespräch zu Ende. Punkt. Ein garantierter Konversationskiller. Ideal, um jeden

Abend zu ruinieren: »Was machen Sie zurzeit?« –
»Ich bin in den Wechseljahren.«

Stille. Schlucken. Suchende Blicke. Ich sehe
es in den Augen der Männer: Visionen von wü-
tenden, schwitzenden Mamas, heulend vor dem
Kleiderschrank, lauter ungebändigte, sektschlür-
fende Weiber außer Kontrolle, frauenärztliche
Dinge. Eklig. Zu intim! Das sind dieselben Männer, die spätabends zufällig und sehr gerne beim
Zappen den DSF-Kanal nicht mehr verlassen
können. All ihre Konzentration gilt der Endlosschleife von bemerkenswerten Werbespots voller
halbnackter, vibrierender Seniorinnen, die ekstatisch stöhnen: »Reife Frauen warten auf deinen
Anruf!« Ich glaube, die Damen warten nicht.

Schlimmer ist nur noch der englische Fach-
begriff MENOPAUSE.

Erstens, es ist keine Pause. Dank meiner verrückt spielenden Hormone nehme ich mir mal
drei bis fünf Sabbatjahre, um das so richtig zu genießen? Nein! Es ist keine Pause. Und mit MEN
(das englische Wort für Männer) hat es wirklich
nichts zu tun.

Klimakterium ist auch nicht viel besser. Das
Wort klingt nach einer Krankenhausstation für
sterbende Regenwaldflora – »Herr Doktor, wie

geht es der Mimosa Sensitiva auf Zimmer sieben?« –, und obwohl ich mich, zugegebenermaßen, manchmal wie eine schlappe, vom Aussterben bedrohte bolivianische Orchidee fühle, ist Klimakterium keine treffende Beschreibung meines aktuellen Lebensabschnittes.

Auf Alltagsenglisch klingt es ein bisschen freundlicher: The Change of Life, oder wie meine Mutter es nannte: The Change. Die Veränderung. Das klingt vielversprechend – spannend und voller Hoffnung. »I'm going through The Change.« Man geht durch diese Erfahrung wie durch eine Blumenwiese, einen Freizeitpark oder die Auftrittswand bei »Herzblatt«. Ma benutzte The Change jahrelang als Allzweckausrede: »You kids be quiet, I'm going through The Change.« – »Tell your father to get me another Vodka-Tonic, I'm going through The Change.« – »We're selling the house – I'm going through The Change.«

Alle Familienmitglieder nahmen aktiv teil an dieser Veränderung. Meine Mutter war in Bewegung, und wir mussten alle sehr schnell sein, um mit ihr mitzuhalten. Es war fast wie die Gründung einer Bürgerinitiative, eine Übung in Basisdemokratie. Wir gehen da durch – gemeinsam!

Ich habe sehr gelacht, als ich 2007 zum ersten Mal Barack Obamas Wahlspruch gelesen habe: CHANGE WE CAN BELIEVE IN. Veränderungen, an die man wirklich glauben kann. Ich wusste, was er meinte, und konnte sofort zustimmen. The times they are a-changin'.

Was passiert in dieser mysteriösen Zeit, dieser »Pubertät mit Vernunft«? Die Wechseljahre sind tatsächlich das körperliche Gegenstück zur Pubertät. Bei jungen Mädchen macht sich der Körper bereit, fruchtbare Eier herzustellen – mit der Effizienz eines Fließbands in Wolfsburg. Jeden Monat, jedes Jahr produzieren die Eierstockarbeiterinnen ohne Pause, ohne Streik und ohne Urlaub, bis sie eines Tages müde werden und langsam die Produktion von Östrogen und Gestagen, den wichtigen Sexualhormonen, einstellen. Dann kommt die letzte Regelblutung. Die Frau wird unfruchtbar.

Ich persönlich finde das Wort »unfruchtbar« furchtbar. Ich fühle mich schwer beleidigt von dem Wort »unfruchtbar«. Vielleicht produziere ich keine Eier mehr, but I am very fruchtbar.